▶ **全彩图解＋视频教学**

汽车底盘
构造原理 与 诊断维修

曹现英　等编著

化学工业出版社
·北京·

内 容 简 介

《全彩图解＋视频教学 汽车底盘构造原理与诊断维修》主要介绍汽车行驶的基本原理，汽车底盘维修与诊断方法、拆装与维修操作及要领。全书内容涵盖汽车底盘的各大组成部件和系统，如变速器、万向传动装置、驱动桥、行驶系统、转向系统及制动系统等。

本书以行业规范为依托，注重知识性、系统性和可操作性。以彩色大图为主进行介绍，语言文字通俗易懂，内容讲解循序渐进，较复杂的实际操作内容配套维修操作视频讲解，扫描书内二维码即可观看。

本书适合汽车维修技术人员使用，也可作为职业技术院校汽车相关专业及汽车维修培训机构的参考教材。

图书在版编目（CIP）数据

汽车底盘构造原理与诊断维修：全彩图解+视频教学 / 曹现英等编著. —北京：化学工业出版社，2022.7
ISBN 978-7-122-41034-4

Ⅰ.①汽… Ⅱ.①曹… Ⅲ.①汽车 - 底盘 - 结构②汽车 - 底盘 - 车辆修理 Ⅳ.①U463.1②U472.41

中国版本图书馆 CIP 数据核字（2022）第 046990 号

责任编辑：黄　滢　　　　　　　　　　　　　　装帧设计：王晓宇
责任校对：杜杏然

出版发行：化学工业出版社（北京市东城区青年湖南街13号　邮政编码100011）
印　　装：北京瑞禾彩色印刷有限公司
787mm×1092mm　1/16　印张14½　字数362千字　2023年1月北京第1版第1次印刷

购书咨询：010-64518888　　　　　　　　　　售后服务：010-64518899
网　　址：http://www.cip.com.cn
凡购买本书，如有缺损质量问题，本社销售中心负责调换。

定　价：89.00元

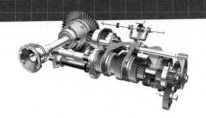

　　随着我国汽车产业的迅猛发展和百姓收入的持续增加，汽车进入家庭的步伐加快，国内私家车的保有量逐年增加，汽车日渐成为人们日常生活和工作必不可少的交通工具。汽车保有量的不断增加，也带动了汽车维修行业的快速发展，新技术、新知识、新结构在汽车上的应用层出不穷，也使得汽车原理和构造越来越复杂，因而对汽车维修人员提出了更高的要求。一线维修人员必须掌握汽车维修的基本知识，熟悉汽车检测设备的使用、故障诊断与维修的基本方法，并拥有大量的资料，不断更新、充实自己，以适应日新月异的现代化汽车维修产业的发展。

　　本书从汽车维修工人日常维修工作实际出发，系统介绍了汽车底盘的基本构造和原理，手动变速器、自动变速器、万向传动装置、驱动桥、行驶系统、转向系统、制动系统等主要总成及关键零部件的结构、功用、拆装、检测等维修技术，并结合具体的案例介绍了汽车底盘常见故障的诊断与维修方法。

　　本书在编写过程中以行业规范为依托，注重知识性、系统性、实操性相结合，力求以直观的方式将实用的内容呈现给读者。全书在讲解过程中充分发挥了图解的特色，以"全彩图解 + 简洁文字"的形式向读者传授汽车底盘维修知识，一目了然、通俗易懂。

　　此外，对于难度较大的知识点和复杂的操作内容，还专门配备了"教学视频"。视频以二维码的形式呈现，读者学习时可通过手机扫描书中的二维码，同步、实时地浏览对应知识点的数字媒体资源。数字媒体资源与图文资源相互衔接、互为补充，可充分调动学习者的主观能动性，确保学习者在短时间内获得最佳的学习效果。

　　为了确保专业品质，本书的彩色图文内容和录制的教学视频均由一线教学专家团队编写和制作而成。参加本书编写的人员有曹现英、陈道旅、彭川、黄俊飞。

　　限于笔者水平，书中疏漏之处在所难免，恳请广大读者批评指正。

编著者

目录

目录

第四章 04

自动变速器

45

第五章 05

**万向传动
装置**

125

第六章 06

驱动桥

140

目录

第一章
底盘维修安全规范及工具设备

第一节　维修场地作业安全要求与6S

1. 汽车维修工作安全内容与要求

安全是做好一切工作的重要前提。在汽车维修过程中，维修人员的人身安全要得到全方位的保护，尤其要能预见到可能的伤害。通过严格的安全制度、规范的操作流程、完善的劳动纪律来保证维修人员的安全，做到安全第一，预防为主，培养维修人员安全操作的习惯。

（1）场地安全设施

❶ 配备消防设施。汽车维修车间的电气设备比较多，电路纷繁复杂，是一个易发生火灾的地方。汽车维修车间应配备消防设施，同时应注意消防器材的保养与维护，若所配置的灭火器已失效或已到报废年限，必须及时更换。

❷ 粘贴安全标示标志。一般汽车维修车间的设备和墙壁等处都贴有各类标志，主要有禁止类标志和警示类标示两种。这些标志提醒维修人员在使用机械、电气等设备时，应注意安全，避免造成人身伤害或是设备损坏。

a. 禁止类标志的作用是提醒人们不允许做的事（图1-1-1）。

| 禁止通行 | 限速行驶 | 禁止吸烟 | 禁止堆放易燃物 |

图1-1-1　禁止类标志

b. 警示类标志的作用是提醒人们在工作时要注意的内容（图 1-1-2）。

| 当心机械伤人 | 注意安全 | 当心吊物 | 高压危险 |

图 1-1-2　警示类标志

❸ 设立有害物质集中收集地点。汽车修理作业过程中会产生废油、废液等有害物质。为了保证安全工作，在汽车维修车间应设立废油、废液、废蓄电池、废轮胎及垃圾等有害物质的集中收集地点，且收集地点存储区域应该有隔离、控制措施。

❹ 安装废气排放净化装置。在汽车维修作业过程中，车辆会排出一氧化碳、碳氢化合物等有害气体，这些有害气体对环境和维修人员的身心健康会造成巨大危害。为消除这些有害气体，涂漆车间应设立废气排放净化及处理设施，采用干打磨工艺的应有粉尘收集装置，涂漆车间还应有通风设备，调试车间或工位应设立汽车废气收集、净化装置。

（2）汽车维修作业安全

❶ 使用汽油的安全规则。

a. 维修车间和场地必须充分通风。

b. 修理汽油箱前，应用专用溶液或水清除油箱内的残余油气。但在清洗时不得吸烟，不得在旁边烘烤零件或点燃喷灯。

c. 应尽量避免用嘴吹、吸汽油管和燃料系统孔道。

d. 存放汽油的地方和油桶处应标明"易燃"字样。

e. 废油应倒入指定废油桶内，不得随地倒流或倒入排水沟内，防止废油污染（图 1-1-3）。

图 1-1-3　禁止随地倒流废弃液

❷启动变速箱时的安全规则。

a.变速箱启动前应首先检查各部位的装配工作是否已全部结束，油底壳内的机油、散热器的冷却水是否加足；变速杆是否处于空挡；拉紧手制动器。

b.被调试变速箱，应具有完好的启动装置。

c.在工厂里调试变速箱时，应打开门窗，使空气畅通，并尽可能地将排气管排放的废气接出室外。

d.变速箱启动后，应及时检查各仪表工作是否正常。

e.在变速箱运转过程中，操作者要防止风扇叶片伤人；变速箱过热时，不得打开水箱盖，谨防沸水喷出而烫伤操作人员；汽车路试后进行底盘检修时，要防止被排气管烫伤。

❸车下工作安全规则。

a.正在维修的汽车，应挂"正在维修"的牌子。如不是维修制动系统，应拉紧手制动器并用三角木垫好车轮。

b.用千斤顶顶车进行底盘作业时，千斤顶要放平稳，人应在车的外侧位置，并应事先准备好架车工具（架车凳子），严禁用砖头等易碎物品垫车，同时严禁单纯用千斤顶顶起车辆在车底作业。

c.不能在用千斤顶顶起的已卸去车轮的汽车下工作。用千斤顶放下汽车时，打开液压开关的动作要慢，打开前应观察周围是否有障碍物。

d.在调试变速箱时，不得在车下工作。

❹蓄电池使用的安全规则。

a.对于蓄电池，应轻搬轻放，不可歪斜，以防电解液溅出腐蚀人体皮肤和衣服。如溅到皮肤上，应立即用清水冲洗。

b.检查电解液密度和电解液高度时，不要将仪器提得过高，以免电解液滴溅在人体或其他物体上。

c.禁止将油料容器及各种金属物放在蓄电池壳体上。

d.在配置电解液时，应使用陶瓷或玻璃容器，将硫酸慢慢地倒入水中，绝对禁止将水倒入硫酸中。

（3）维修工具使用安全

正确地选用工具对于汽车维修来说极其重要，但有些维修技术人员不太重视工具的使用方法，使用扳手、钳子等通用工具时不规范，导致不能顺利完成维修工作。

维修工具使用时应注意以下事项。

❶工作前应检查所使用工具是否完好。施工时工具必须摆放整齐，不得随地乱放，工作后应对工具进行清点检查并擦干净，按要求放入工具车或工具箱内。

❷拆装零部件时，必须使用合适工具或专用工具，不得大力蛮干，不得用硬物或手锤直接敲击零件。所有零件拆卸后都要按顺序摆放整齐，不得随地堆放。

❸做类似于电焊等发出强烈的光从而刺激维修工作人员眼睛的工作时，维修人员在维修时应使用相应的保护工具（如配戴电焊护镜）。

❹用电安全。在车辆的拆装过程中，常常会用一些电气设备来代替繁重的体力劳动，减轻劳动强度，提高工作效率。若使用不当或缺乏安全防护措施，可能会发生一些触电、电击事故，伤害维修操作人员（图1-1-4）。

图 1-1-4　禁止违规用电

用电安全方面应注意以下事项。

❶ 如果发现电气设备有任何异常，应立即关闭开关，并联系管理员等有关人员。

❷ 如果电路中发生短路或意外火灾，在进行灭火之前应首先关闭开关。

❸ 不要靠近断裂或摇晃的电线。不要触摸标有"发生故障"的开关。千万不要用湿手接触任何电气设备。

❹ 拔下插头时，不要拉电线，而应当拉插头本身。

❺ 不要让电缆通过潮湿或有油的地方，也不要通过灼热的表面或者尖角部位。

❻ 在开关、配电盘或电动机等附近不要使用易燃物，因为它们容易产生火花。

❼ 维修竣工后，切断设备电源，关闭总电源。

❽ 移动电气设备时，避免其电源软线拖得过长，沾染地面油污或水。

❾ 电源线插头应完全无损地插入电源插座，接地线应完好无损，以免机器设备外壳带电而引起触电。

2. 汽车维修企业管理内容与要求（6S）

6S 是指在生产现场中对人员、机器、材料、方法等生产要素进行有效的管理。6S 管理内容有整理（Seiri）、整顿（Seiton）、清扫（Seiso）、清洁（Seiketsu）、素养（Shitsuke）、安全（Safety）六个方面，通过规范现场、现物，营造一目了然的工作环境，培养员工良好的工作习惯，其最终目的是提升个人品质，养成良好的工作习惯（图 1-1-5）。

图 1-1-5　6S

第二节 翻转架的使用和规范

汽车变速箱翻转架是一种汽车修理和保养单位常用的设备，广泛应用于轿车等小型车的维修和保养。目前国内的变速箱翻转架有固定式和移动式两种。对于固定式汽车变速箱翻转架，变速箱能够在翻转架上翻转、启动并运转，但需浇筑混凝土，固定时费工费时，不能在短时间内投入使用，且不能移动，限制了实验室的调整。另外，油、水、工件、工具易落地，达不到卫生清洁的起码要求，也不便于检测和排除故障。对于移动式汽车变速箱翻转架，虽然能够移动，但变速箱只能在翻转架上翻转，不能启动、运转，无法对变速箱进行检测、故障设置和故障诊断与排除。

多功能变速箱翻转架弥补了上述两种翻转架的不足，集变速箱的拆卸、组装、调试、大修、启动、故障设置及诊断、排除、检测等功能为一体。蜗杆传动360°任意角度翻转锁止变速箱翻转架就是多功能变速箱翻转架中较有代表性的一种，它具有性能可靠，操作方便；结构简单；拖脚的最低位置低，使得车辆的底盘可以比较低，扩大了各种车辆的适应性；利用蜗杆传动可360°任意翻转锁止等特点。

使用翻转架的注意事项如下。

❶ 使用时需按照说明书的正确方法操作和调整。

❷ 变速箱在拆装过程中可以实现360°翻转，并可在任意角度稳定停留。由于灵活性高，在操作过程中要选好角度。

❸ 万向自锁轮台架活动灵活，并带有自锁装置。在变速箱拆装作业中，可根据需要使用自锁装置。

❹ 运转过程中发现不正常现象应及时停止操作并进行检查。

❺ 不允许将支架与变速箱连接的螺栓和螺母随意拧松，以免发生危险。

❻ 在翻转架下部放置油盘，方便拆装时小零件的储放及接油。

第三节 拆装工具选用及要求

汽车维修工具一般分为通用和专用两大类。通用工具指的是可普遍用于各行各业同类作业的工具；专用工具是指为某一专项作业特别设计的工具，如汽车火花塞上的套筒，只能用于火花塞拆装。

汽车维修作业中常用的工具有：扳手、钳子、螺丝刀、手锤、游标卡尺、螺旋测微仪、量具等。

（1）扳手类工具

扳手用于紧固或拆卸带有棱边的螺母和螺栓，常用的扳手有开口扳手、梅花扳手、套筒扳手、扭力扳手、可调节扳手（活动扳手）等。

❶ 开口扳手。开口扳手用于紧固或拆卸一般规格的螺母和螺栓，这种扳手可以直接插入或套入，使用较方便。但是不宜在较小的空间使用，并且不可用于拧紧力矩较大的螺栓或螺母，使用时易滑脱（图1-3-1）。

图 1-3-1　开口扳手

❷ 梅花扳手。由于梅花扳手完全包住了螺栓或螺母的顶部，比普通扳手易于使用。同时它的手柄比普通的手柄长，可以获得更大的扭矩。这种扳手扳转力大，工作可靠，不易滑脱，携带方便，适用于旋转空间狭小的场合（图 1-3-2）。

图 1-3-2　梅花扳手

❸ 套筒扳手。套筒扳手是拆卸螺栓最方便，灵活且安全的工具。使用套筒扳手不易损坏螺母的棱角。特别适用于旋转部位很狭小或隐蔽较深处的六角螺母或螺栓（图 1-3-3）。

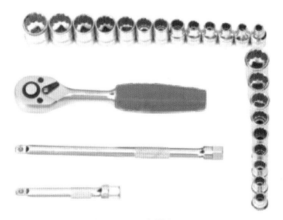

图 1-3-3　套筒扳手

❹ 扭力扳手。扭力扳手主要用于有规定扭矩值的螺栓和螺母的装配，如气缸盖、连杆、曲轴主轴承等处的螺栓（图 1-3-4）。

图 1-3-4　扭力扳手

❺ 可调扳手（活动扳手）。可调扳手根据螺栓或螺母的尺寸，通过转动调整螺母的尺寸，还可调整螺钉来移动可调爪，从而使可调扳手的开口宽度实现变宽或收窄（图 1-3-5）。

图 1-3-5　活动扳手

（2）钳子类工具

钳子类工具可分为通用类钳子和专用类钳子两种类型。通用类钳子用于夹持、弯曲、扭转和切断物体或其他用途，而专用类钳子用于安装、拆卸活塞环或卡环。

❶ 组合钳（又称鱼口钳）。鱼口钳开口有大小两种调节方式，它适用于各种工作环境。钳爪底部可以切断电线一类的物体。但不要使用钳子松开或拧紧螺栓、螺母，否则可能将螺栓或螺母的边"咬掉"（图 1-3-6）。

图 1-3-6　鱼口钳

❷ 尖嘴钳。尖嘴钳的端部细长，它用于组合钳无法使用的狭窄地方或在孔中夹持销子之类的物体。尖嘴钳的头部夹口用于夹持细小零件，但夹紧的力不能过大，否则会使夹口变成喇叭形。尖嘴钳后部的刀口用于切断电线或剥开电线的表皮。

❸ 偏口钳。偏口钳用于切断电线，剥除电线的绝缘层和剥除开口销之类的物体。不要用偏口钳切断硬物体，以免损伤钳口。

❹ 克丝钳。克丝钳又称老虎钳，用途广泛，可切断电线、夹持物体或弯曲工件。

❺ 大力钳。大力钳又称管钳子，用于加紧力矩较大的地方。大力钳能够轻松拆卸损坏的螺栓或卡住的螺母。

❻ 卡簧钳。卡簧钳用于拆卸或安装卡簧，主要有轴用、穴用两类。

（3）螺钉旋具类工具

螺钉旋具又称起子、旋凿或螺丝刀。使用时利用旋转压力紧固或拆卸带有槽口的螺钉。常用的螺钉旋具有一字形和十字形两种。一字形螺钉旋具用于紧固或拆卸一字槽螺钉，而十字形螺钉旋具用于紧固或拆卸十字槽螺钉。

（4）手锤

手锤又称榔头，由锤头和木柄组成。通过敲击，拆卸和安装零件。

（5）常用量具

❶ 游标卡尺。游标卡尺是一种测量长度、内外径、深度的量具。游标卡尺由主尺和附在主尺上能滑动的游标两部分构成。游标卡尺的主尺和游标上有两副活动量爪，分别是内测量爪和外测量爪，内测量爪通常用于测量内径，外测量爪通常用于测量长度和外径（图 1-3-7）。

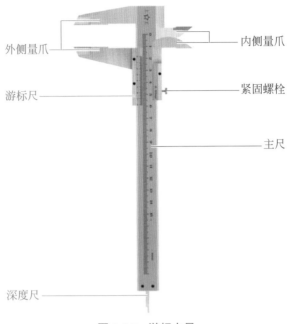

外侧量爪

内侧量爪

游标尺

紧固螺栓

主尺

深度尺

图 1-3-7　游标卡尺

❷ 螺旋测微仪。螺旋测微仪又称千分尺，是比游标卡尺更精密的测量长度的工具，用它测量长度可以准确到 0.01mm，测量范围为几厘米。螺旋测微仪的读数机构由固定套筒和活动套筒组成：固定套筒在轴线方向上刻有一条中线，中线的上、下各刻一排刻线，刻线每一格间距均为 1mm，上、下刻线相互错开 0.5mm；在活动套筒左端圆周上有 50 等分的刻度线。因测量螺杆的螺距为 0.5mm，即螺杆每转一周，轴向移动 0.5mm，故活动套筒上每一小格的读数值为 0.5÷50=0.01（mm）。

❸ 量缸表。量缸表也叫内径百分表，是利用百分表制成的测量仪器，也是用于测量孔径的比较性测量工具。在汽车维修中，量缸表通常用于测量气缸的磨损量及内径。量缸表主要包括百分表、表杆、替换杆件和替换杆件紧固螺钉等部件。

第二章
底盘系统基础知识

第一节　自动变速器的分类

1. 按变速方式分类

汽车自动变速器按变速方式不同，可分为有级自动变速器和无级自动变速器两种。

有级自动变速器是具有有限个定值传动比的自动变速器。值传动比（一般有 3～5 个前进挡和一个倒挡）的变速器。无级自动变速器是能使传动比在一定范围内连续变化的自动变速器。

（1）液力变矩器自动变速器

液力变矩器自动变速器就是在液力变矩器后面装一个齿轮变速系统。

自动变速器（Automatic Transmission，AT）由液力变扭器、行星齿轮和液压操纵系统组成，通过液力传递和齿轮组合的方式来达到变速变矩。其中液力变扭器是 AT 中最重要的部件，它由泵轮、涡轮和导轮等构件组成，兼有传递扭矩和离合的作用。因此 AT 也称为液力变矩器自动变速器。

优点：液力变矩器自动变速器免除了手动变速器繁杂的换挡和脚踩离合器踏板的频繁操作，使开车变得简单、省力，而且经过多年发展，AT 的生产成本已经相当低。当前 AT 的挡位越来越多，从以前的 4AT 发展到现在的 8AT，随之改变的是换挡速度和舒适性的提升以及油耗的改善。

缺点：AT 有自身的不足，如对速度变化反应较慢，换挡顿挫感明显，相对耗油等。虽然挡位增加（齿轮增加）可以减少 AT 的天生缺陷，不过，挡位的增多也意味着体积和重量的增大，因此 AT 在未来挡位增加上还是有一定局限性。

（2）机械式自动变速器

机械式自动变速器是有离合器和依据车速、油门开度改变速度的。

AMT 的英文全称是 Automated Mechanical Transmission，中文意思是机械式自动变速箱。AMT 可以看成是自动的手动变速箱。

AMT 是在通常的手动变速箱和离合器上配备一套电子控制的液压操作系统，以达到自动切换挡位目的的机构。其实就是在手动变速器，也就是齿轮式机械变速器（MT）的原有基础上加装了微机控制的自动操作系统，以此改变原来的手动操作系统。因此 AMT 实际上是由一个机器人系统来完成操作离合器和选挡的两个动作，其核心技术是微机系统，电子技术及质量将直接决定 AMT 的性能与运行质量。

配备 AMT 的汽车不再需要离合器踏板，驾驶者只需简单地踩油门踏板就可以非常简单地启动和驾驶汽车。AMT 汽车驾驶简单，驾驶者则只需要踩油门踏板，由 AMT 系统会自动地选择换挡的最佳时机，从而消除了发动机、离合器和变速箱的错误使用，避免换错挡，这一点对驾驶新手和整车的可靠性都非常重要。

AMT 在三类新型自动变速箱中，技术难度相对较低，存在换挡动力中断等影响驾驶舒适性的问题。在国内，AMT 目前只应用于一些 A0 级别的车型。

（3）"电动轮"无级变速

"电动轮"无级变速取消了机械传动中的传统机构，而代之以电流输至电动机，以驱动和电动机装成一体的车轮。

无级自动变速器也称 CVT，英文全称是 Continuous Variable Transmission，直接翻译就是连续可变传动变速器，顾名思义就是没有明确具体的挡位，操作上类似自动变速器，但是速比的变化却不同于自动变速器的跳挡过程，而是连续的，CVT 采用传动带和可变槽宽的棘轮进行动力传递，即当棘轮变化槽宽时，相应改变驱动轮与从动轮上传动带的接触半径进行变速，传动带一般用皮带、金属带和金属链等。

优点：由于 CVT 没有了一般自动挡变速器的传动齿轮，也就没有了自动挡变速器的换挡过程，由此带来的换挡顿挫感也随之消失，因此 CVT 的动力输出是线性的，在实际驾驶中非常平顺。CVT 的传动系统理论上挡位可以无限多，挡位设定更为自由，传统传动系统中的齿轮比、速比以及性能、耗油、废气排放的平衡，都更容易达到，CVT 还有重量轻、体积小、零件少的优点。

缺点：相比传统自动挡变速器而言，CVT 的制造成本要略高，如果操作不当的话，出问题的概率较高。目前无论国内还是国外，很多情况下 CVT 还无法维修，只能整体更换。CVT 的传动钢制皮带能够承受的力量有限，一般而言 3.0L 排量或者 300N·m 以上的扭矩是它的上限，不过随着技术的不断发展，已经打破了这个上限，但是由于构造原理和机械磨损的不可逆性，钢制皮带的使用寿命始终无法完美地解决，尤其是在用户喜欢激情驾驶的情况下，可靠性得不到充分的保证。

2. 按前进挡的挡位数不同分类

自动变速器按前进挡的挡位数不同，可分为 2 个前进挡、3 个前进挡、4 个前进挡三种。

早期的自动变速器通常为 2 个前进挡或 3 个前进挡。这两种自动变速器都没有超速挡，其最高挡为直接挡。

新型汽车装用的自动变速器基本上都是 4 个前进挡，即设有超速挡。这种设计虽然使自动变速器的构造更加复杂，但由于设有超速挡，大大改善了汽车的燃油经济性。

3. 按驱动方式分类

自动变速器按照汽车驱动方式的不同，可分为后驱动自动变速器和前驱动自动变速器两种。

（1）后驱动自动变速器

后驱动自动变速器的液力变矩器和齿轮变速器的输入轴及输出轴在同一轴线上，发动机的动力经液力变矩器、自动变速器、传动轴、后驱动桥的主减速器、差速器和半轴传给左右两个后轮。

这种发动机前置后轮驱动的布置形式主要用在中高级汽车或重型自卸汽车以及城市的大型公共汽车等车型上。

（2）前驱动自动变速器

前驱动自动变速器的壳体内装有差速器。纵置发动机的前驱动自动变速器的结构和布置与后驱动自动变速器基本相同，只是在后端取消后轴。横置发动机前驱动自动变速器，由于汽车横向尺寸的限制，通常液力变矩器和齿轮变速器输入轴布置在上方，输出轴布置在下方，主要用在小型汽车上。

4. 按齿轮传动机构不同分类

自动变速器按齿轮传动机构不同，可分为普通齿轮式和行星齿轮式两种。

（1）普通齿轮式自动变速器

普通齿轮式自动变速器体积较大，最大传动比较小，使用较少，日本本田公司采用。

（2）行星齿轮式自动变速器

行星齿轮式自动变速器结构紧凑，能获得较大的传动比，为绝大多数汽车自动变速器采用。

行星齿轮式自动变速器按行星齿轮机构布置不同有辛普森、拉维那和串联式 3 种机构。

❶ 辛普森行星齿轮机构自动变速器。辛普森行星齿轮机构自动变速器在自动变速器中被广泛使用，日本丰田公司的自动变速器几乎都采用这种结构，如 A140E、A340 和 A650 等型号。

❷ 拉维那行星齿轮机构自动变速器。使用拉维那行星齿轮机构的自动变速器有韩国现代 A4AF、A4BF，美国克莱斯勒 KM175、KM176，日本马自达 FA4A - EL，德国大众 096 和 097、01V、01M、01N 型等自动变速器。

❸ 串联式行星齿轮机构自动变速器。串联式行星齿轮机构自动变速器通过两组行星齿轮机构串联在一起，形成复合式行星齿轮机构，如通用公司生产的 4T60E、4T65E 型自动变速器。

5. 按控制方式不同分类

可分为全液压控制自动变速器和电子控制自动变速器两种。

（1）全液压控制自动变速器

全液压控制自动变速器将汽车行驶时的车速及节气门开度两个参数转变为液压控制信号，实现自动换挡，现在使用较少。

（2）电子控制自动变速器

电子控制自动变速器是通过各种传感器及开关，将有关变速信号输入计算机，计算机分析计算，向换挡电磁阀、油压电磁阀等执行元件发出控制信号，再转变为液压控制信号，阀板中的各个控制阀根据这些液压控制信号，控制换挡执行机构的动作，从而实现自动换挡。现在大多数使用的自动变速器就是此种类型。

6. 按离合的多少分类

自动变速器按离合的多少分类有两种：一种是单离合器变速器（大多数都是单离合变速器）；另一种是双离合器变速器。

DCT 的英文全称是 Double Clutch Transmission，中文意思是双离合器变速器，因为大众公司对该技术应用较早，也比较广泛，而且把其称为 DSG（Direct-Shift Gearbox），所以 DSG 的名称传遍天下。

其实除了这两种叫法外还有很多，比如三菱的 SST，保时捷的 PDK，宝马的 DKG，福特、沃尔沃的 Powershift，奥迪的 S-Tronic 等。DCT 分湿式和干式两种，湿式用的变速器油比较多，体积较大，可以承受较大的扭矩，干式用的变速器油较少，体积更小，更紧凑，效率更高，适合小型车，但能承受的扭矩不如湿式大。

❶ 优点：DCT 在效率和成本上都显示出许多优势，与传统的自动变速器相比，该系统换挡的舒适性更高，而且能满足消费者对驾驶运动感和车辆节油的双重要求。同时，双离合器的使用，可以使变速器同时有两个挡位啮合，换挡速度不到 0.2s，比专业车手的手动变速还快。从技术角度上看，DCT 对所有挡次车都非常适合，比其他变速器具有更高的燃油经济性。

❷ 缺点：目前 DCT 面临的主要问题是制造加工的精度要求很高，导致成本也相当高。另外，DCT 依靠离合器来传递动力，在城市路况下，司机通常要在较慢的速度下驾驶车辆，此时 DCT 的离合器经常处于半离合状态，在较拥堵的城市路况下，长时间处于半离合状态的离合器容易过热，因此温度传感器会感知温度过高，从而使变速器停机。目前已知的 DSG 变速器停机案例多半发生在市区行驶过程中。

第二节　万向传动装置的分类

万向传动装置在汽车上有很多应用，结构也稍有不同，但其功用都是一样的，即在轴线相交且相互位置经常发生变化的两个转轴之间传递动力。

万向传动装置主要包括万向节和传动轴。

对于传动距离较远的分段式传动轴,为了提高传动轴的刚度,还设置有中间支承。

常见万向节的类型有十字轴式刚性万向节、球笼式等角速万向节和球叉式等角速万向节三种。

(1) 十字轴式刚性万向节

十字轴式刚性万向节结构简单、工作可靠,而且允许所连接的两轴之间有较大交角,在汽车上应用最为普遍。

❶ 十字轴式刚性万向节传动的不等速特性。单个十字轴式刚性万向节在输入轴和输出轴有夹角的情况下,其两轴的角速度是不相等的,两轴夹角 α 越大,转角差越大,万向节的不等速特性越严重。

万向节传动的不等速特性将使从动轴及与其相连的传动部件产生扭转振动,从而产生附加的交变载荷,影响传动部件的寿命。

❷ 十字轴式万向节传动的等速条件。采用双万向节传动;第一万向节两轴间的夹角 α_1 与第二万向节两轴间的夹角 α_2 相等;第一万向节的从动叉与第二万向节的主动叉在同一平面内。

(2) 球笼式等角速万向节

球笼式万向节由 6 个钢球、星形套(内滚道)、球形壳(外滚道)和保持架(球笼)等组成。星形套与主动轴用花键固接在一起,星形套外表面有 6 条弧形凹槽滚道,球形壳的内表面有相应的 6 条凹槽,6 个钢球分别装在各条凹槽中,由球笼使其保持在同一平面内。动力由主动轴、钢球、球形壳输出。

球笼式等角速万向节工作时 6 个钢球都参与传力,故承载能力强、磨损小、寿命长。它被广泛应用于各种型号的转向驱动桥和独立悬架的驱动桥。

(3) 球叉式等角速万向节

球叉式等角速万向节由主动叉、从动叉、4 个传动钢球、中心钢球、定位销、锁止销组成。主动叉与从动叉分别与内、外半轴制成一体。在主、从动叉上分别有 4 个曲面凹槽,装配后则形成两个相交的环形槽,作为钢球滚道。4 个传动钢球放在槽中,中心钢球放在两叉中心的凹槽内,以定中心。

球叉式等角速万向节在工作的时候,只有两个钢球传力,其磨损快,影响使用寿命,现在应用越来越少。

第三节　行驶系统

汽车底盘行驶系统是将汽车总成和零部件构成一个整体,形成汽车驱动力,保证汽车平顺行驶的主要系统,其主要总成和零部件的技术状况直接影响车辆的正常行驶(图 2-3-1)。

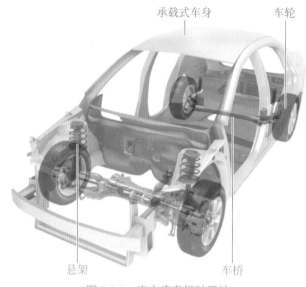

图 2-3-1　汽车底盘行驶系统

第四节　转向系统

1. 概述

汽车上用于改变行驶方向的机构称为转向系统。转向系统不仅使汽车按驾驶员控制的方向行驶，而且还可以克服由于路面侧向干扰力使车轮产生的转向作用，恢复汽车的行驶方向。

2. 转向系统的作用和类型

汽车转向系统的作用是根据车辆行驶需要，按照驾驶员的意图适时改变汽车的行驶方向（图 2-4-1）。

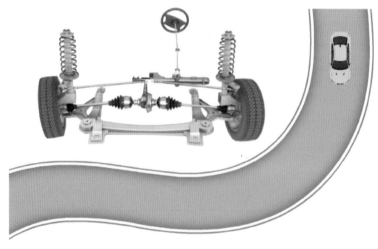

图 2-4-1　转向系统功用

转向系统根据转向能源的不同，可分为机械转向系统和动力转向系统两大类型，如图 2-4-2 所示。机械转向系统是将驾驶员作用在转向盘上的力，通过机械传给转向轮，使转向轮发生偏转，实现汽车的转向。动力转向系统是通过具有一定压力的液流或气流，帮助驾驶员克服转向阻力矩，使转向轻便。

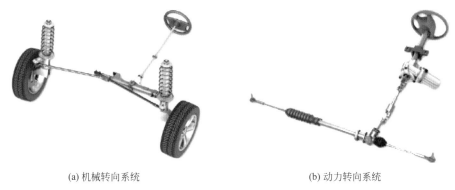

(a) 机械转向系统　　　　　　　　　(b) 动力转向系统

图 2-4-2　转向系统分类

（1）机械转向系统

机械转向系统由转向器总成和转向传动机构组成。转向器总成由转向盘、转向轴、转向传动轴、万向节、转向器等组成。转向传动机构由转向横拉杆、转向节臂、左右转向节等组成（图 2-4-3）。

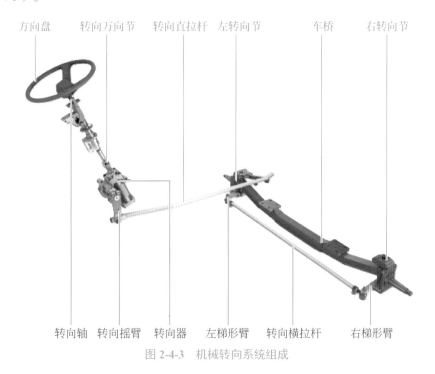

方向盘　　转向万向节　　转向直拉杆　　左转向节　　　　车桥　　右转向节

转向轴　转向摇臂　转向器　　左梯形臂　　转向横拉杆　　右梯形臂

图 2-4-3　机械转向系统组成

汽车转向行驶时，驾驶员根据汽车所需改变的行驶方向转动转向盘，通过转向轴转动转向器的主动件（小齿轮等）并带动从动件（齿条等）移动，使与其固定的摇臂轴转一个角度，带动摇臂摆动一个相应的角度，通过纵拉杆和转向节臂带动近转向器侧转向节偏转，经梯形臂和横拉杆带动另一侧转向节同方向偏转。因转向轮用轴承安装在转向节上，故转向节偏转时带动转向轮偏转，实现汽车转向。

（2）动力转向系统

动力转向系统是一套兼用驾驶员体力和发动机动力为转向能源的转向系统。在正常情况下，汽车转向所需的能量只有一小部分由驾驶员提供，而大部分能量由发动机通过转向加力装置提供（图 2-4-4）。

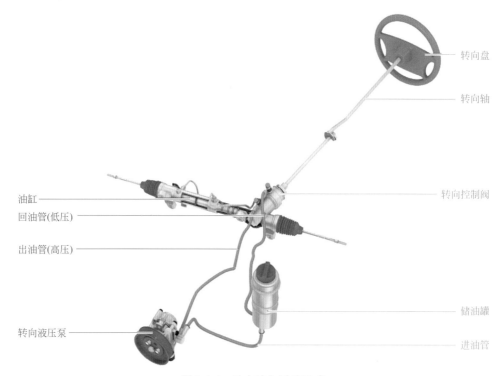

油缸
回油管(低压)
出油管(高压)
转向液压泵

转向盘
转向轴
转向控制阀
储油罐
进油管

图 2-4-4　动力转向系统组成

第五节　制动系统

1. 概述

驾驶员能根据道路和交通情况，利用装在汽车上的一系列专用装置，迫使路面在汽车车轮上施加一定的与汽车行驶方向相反的外力，对汽车进行一定程度的强制制动，这一系列专用装置称为制动系统。

2. 制动系统的功用

为了在技术上保证汽车的安全行驶，提高汽车的平均行驶速度，汽车上都设有专用的制动系统，使行驶中的汽车减速或在最短距离内停车，并可使汽车可靠地停放在原地（包括在坡道上）保持不动。

3. 制动系统的组成

汽车制动系统主要由以下各部分组成（图 2-5-1）。

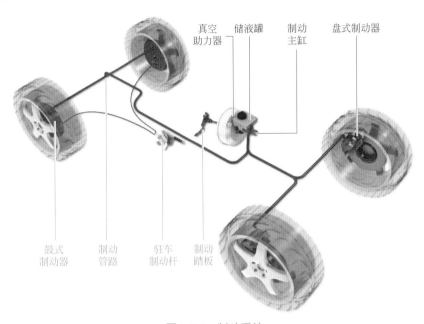

图 2-5-1　制动系统

（1）供能装置

包括供给、调节制动所需能量以及改善传能介质状态的各种部件。其中产生制动能量的部分称为制动能源。人的肌体也可作为制动能源。

（2）控制装置

包括产生制动动作和控制制动效果的各种部件，如制动踏板、制动阀等。

（3）传动装置

包括将制动能量传输到制动器的各个部件，如制动主缸和制动轮缸等。

（4）制动器

产生制动摩擦力矩的部件。较为完善的制动系统还具有制动力调节装置、报警装置、压力保护装置等附加装置。

4. 制动系统的工作原理

在人力作用下，制动蹄对制动鼓作用一定的制动摩擦力矩即制动器制动力矩 M_μ，在 M_μ 的作用下，车轮将对地面作用一个向前的力 F_μ，地面对车轮作用一个向后的反作用力 F_B，F_B 即为地面对车轮的制动力。制动系统工作原理如图 2-5-2 和图 2-5-3 所示。

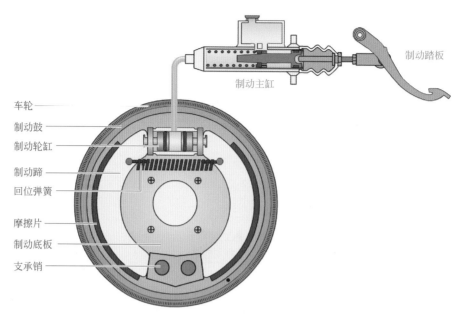

制动踏板

制动主缸

车轮
制动鼓
制动轮缸
制动蹄
回位弹簧
摩擦片
制动底板
支承销

图 2-5-2　制动系统工作原理（制动前）

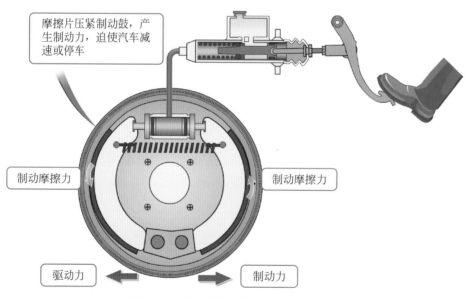

摩擦片压紧制动鼓，产生制动力，迫使汽车减速或停车

制动摩擦力　　　　　　　　制动摩擦力

驱动力　　　　　　　　制动力

图 2-5-3　制动系统工作原理（制动时）

5. 制动系统的类型

（1）按制动系统的功用分类

汽车制动系统按制动系统的功用不同可分为行车制动系统（脚制动）和驻车制动系统（手制动）。

❶ 行车制动系统——使行驶中的汽车降低速度甚至停车的一套专门装置（图 2-5-4）。

❷ 驻车制动系统——使已停驶的汽车驻留原地不动的一套装置（图 2-5-5）。

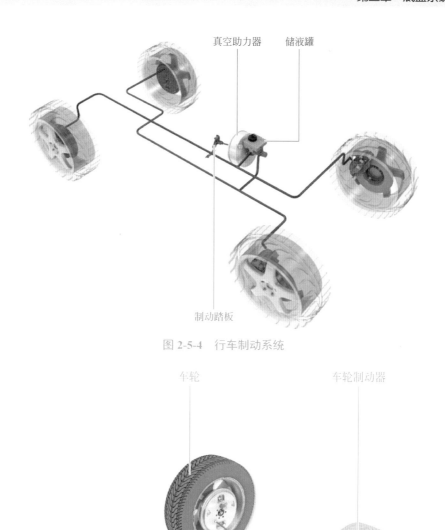

真空助力器　　储液罐

制动踏板

图 2-5-4　行车制动系统

车轮　　　　　　　　　车轮制动器

操纵缆绳

图 2-5-5　驻车制动系统

（2）按制动能量的传输方式分类

汽车制动系统按制动能量的传输方式不同可分为液压式制动系统（图 2-5-6）和气压式制动系统（图 2-5-7）等。同时采用两种传能方式的制动系统可称为组合式制动系统，如气顶液制动系统。

目前所有汽车都采用双回路制动系统，如轿车的左前轮和右后轮共用一条制动回路，右前轮和左后轮共用另一条制动回路，当一个制动回路失效时，另一个制动回路仍能工作，这样有效提高了汽车的行车安全性。

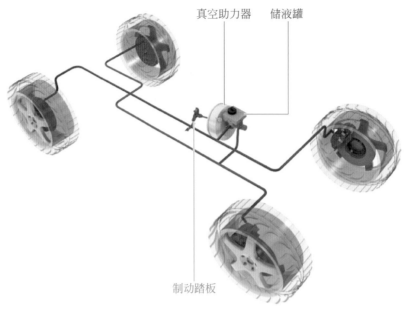

图 2-5-6　液压式制动系统

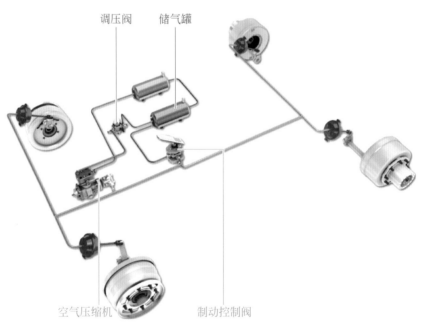

图 2-5-7　气压式制动系统

第三章
手动变速器

第一节　离合器操纵机构的认知与检修

1. 概述

　　离合器安装在发动机和手动变速器之间（图3-1-1），是发动机与汽车传动系统之间切断和传递动力的关键部件。离合器的作用是使发动机与传动系统平顺地接合，以保证汽车平稳起步；短时切断发动机与传动系统之间的动力传输，以利于发动机启动和减少换挡时对齿轮的冲击；当驱动轮阻力过大时，离合器通过打滑实现对传动系统的过载保护。

发动机　离合器　手动变速器

扫一扫

视频精讲

图 3-1-1　离合器的位置

2. 液压式离合器操纵机构的组成及工作原理

液压式离合器操纵机构主要由离合器踏板、推杆、储液罐、离合器主缸、离合器工作缸、分离轴承、分离叉等组成（图 3-1-2）。

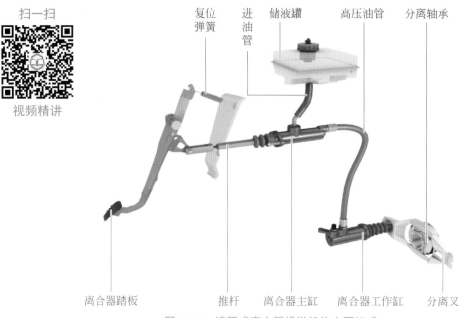

扫一扫

视频精讲

图 3-1-2　液压式离合器操纵机构主要组成

离合器操纵机构是驾驶员用以控制离合器的机构，其作用是实现离合器分离及柔和接合。离合器操纵机构起始于离合器踏板，终止于离合器壳内的分离轴承。液压式离合器操纵机构的工作原理如图 3-1-3 所示。

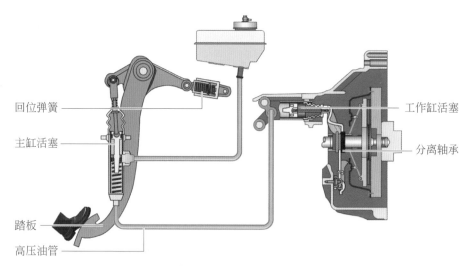

图 3-1-3　液压式离合器操纵机构的工作原理

踩下离合器踏板，推动主缸内活塞运动从而产生液压力，液压力通过高压油管作用于工作缸活塞，活塞运动带动分离轴承使离合器分离；松开离合器踏板，主缸活塞在回位弹簧作用下回到原位，高压油管内油压降低，工作缸中活塞回位，使离合器接合。

3. 离合器操纵机构的检修

（1）检查机械系统是否失效或卡滞

检查离合器踏板、分离叉轴、工作缸是否失效或卡滞，分离轴承是否严重磨损、烧蚀或卡滞。

可一人踩下离合器踏板，一人观察离合器结合和断开时的状态，判断是否有失效部件或运动卡滞现象。如有，则需进一步检查失效部件，并进行维修或更换。

（2）检查液压系统是否渗漏或是否有空气渗入

依次检视储液罐、进油管、主缸、高压油管、工作缸外部是否有渗漏迹象（图 3-1-4），检查油管紧固接头是否松动，及时紧固松动的油管接头，修复或更换损坏的部件。

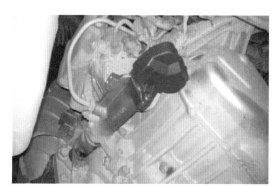

图 3-1-4　渗漏迹象

用脚踩踏离合器踏板，体验踏板的软硬度，如果感觉绵软，可能是液压系统中有空气，需要进行液压系统排空气处理。值得注意的是：离合器液压操纵系统在经过检修之后，管路内可能进入空气，在添加离合器油时也可能使液压系统中进入空气，因此液压系统检修后也要进行液压系统排空气的处理。

（3）检查与调整离合器踏板自由行程

离合器踏板自由行程（图 3-1-5），也称为离合器踏板空行程，是指踩压踏板直到分离轴承紧压膜片弹簧的距离。当离合器盘磨损时，离合器踏板自由行程缩短，可能导致离合器打滑；而离合器自由行程过大会则会导致离合器分离不彻底。

4. 检查离合器踏板工作行程

❶ 拉紧驻车制动器操纵杆，并将变速器杆置于空挡位置。

❷ 取下主驾驶室地毯。

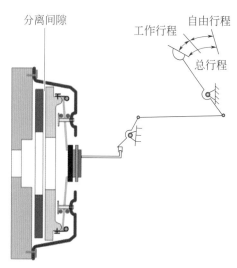

图 3-1-5　离合器踏板自由行程

❸ 使用钢直尺垂直于地板测量离合器踏板工作行程（图 3-1-6），记录检测数据并与标准数据进行对比。

离合器踏板高度的标准值为：130 ～ 140mm。

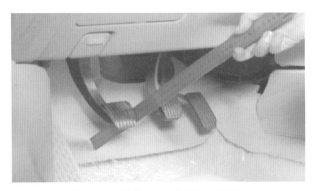

图 3-1-6　检查离合器踏板工作行程

5. 检查与调整离合器踏板自由行程

（1）检查离合器踏板自由行程

❶ 使用钢直尺垂直于地板测量用手指轻轻按压离合器踏板直至开始感觉到离合器阻力（图 3-1-7）。

图 3-1-7　检查离合器踏板自由行程

❷ 读取检测数值，并与标准数据进行对比。

离合器踏板自由行程标准值为：6.0 ～ 12.0mm。

（2）调整离合器踏板自由行程

❶ 取下方向柱下护罩。
❷ 松开锁紧螺母并转动推杆直至获得正确的自由行程。
❸ 调整到位后，再一次检查离合器踏板自由行程以保证其在规定范围。
❹ 调整结束后，紧固离合器推杆锁紧螺母。

6. 车上检查离合器主缸和工作缸

❶ 检查离合器主缸和工作缸总成是否有损伤、变形或腐蚀。

❷ 检查制动液储液罐到离合器主缸之间的管路是否有裂纹、老化或泄漏。

❸ 检查离合器主缸到离合器工作缸之间的输油管路是否有裂纹、老化或泄漏。

7. 检查分离轴承

❶ 从手动传动桥上拆下带离合器分离轴承的离合器分离叉，然后从分离叉上拆下分离轴承和卡子。

❷ 旋转离合器分离轴承总成的滑动部件（与离合器盖的接触面），检查并确认离合器分离轴承总成移动平稳且无异常阻力。

❸ 检查离合器分离轴承总成是否损坏或磨损，如有必要，则更换分离轴承总成。

8. 离合器液压操纵系统排空气

离合器液压操纵系统在经过检修之后，管路内可能进入空气，在添加制动液时也可能进入空气。因此，检修后要排除离合器液压操纵系统中的空气，排除方法如下。

❶ 拆下放气螺塞盖，将塑料管连接至放气螺塞。

❷ 踩下离合器踏板数次，并在踩下踏板时松开放气螺塞。

❸ 离合器油不再外流时，拧紧放气螺塞，然后松开离合器踏板。

❹ 重复前两步操作直至离合器油中的空气全部排出。

❺ 拧紧放气螺塞，安装放气螺塞盖。

❻ 检查并确认离合器管路中的空气已全部排出。

第二节 离合器总成的认知与检修

1. 概述

离合器按压紧弹簧形式不同分为周布弹簧离合器和膜片弹簧离合器（图 3-2-1）。周布弹簧离合器采用螺旋弹簧，沿压盘的圆周和中央布置；膜片弹簧离合器采用膜片弹簧，结构简单，使用寿命长，目前使用最为广泛。

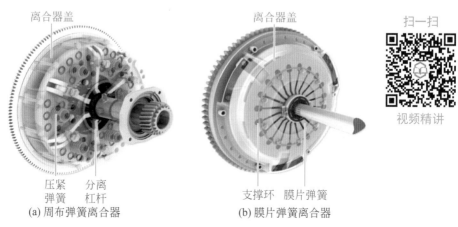

图 3-2-1 离合器类型

2. 膜片弹簧离合器的组成

膜片弹簧离合器主要由飞轮、从动盘、压盘、传动片、膜片弹簧、离合器盖、分离叉和分离轴承等组成（图3-2-2）。

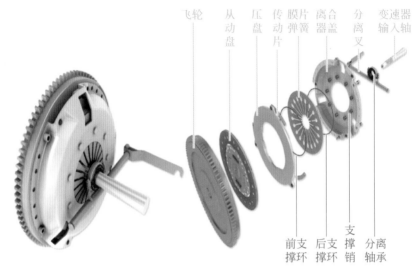

图 3-2-2　膜片弹簧离合器的组成

3. 离合器总成的检修

离合器总成的故障主要是由其各个部件的变形、损坏、污染或位置不当等原因造成的。离合器总成的检修主要包括以下内容。

（1）飞轮检修

飞轮的常见故障现象（图3-2-3）是端面磨损或烧蚀。

图 3-2-3　飞轮的常见故障现象

飞轮端面磨损或烧蚀，不能与从动盘摩擦片完全接触，接触面积减小，进而导致飞轮与从动盘之间摩擦力减小，引起离合器打滑；同时飞轮断面磨损使得离合器分离时从动盘仍然与飞轮接触，导致离合器分离不彻底。

飞轮损伤会直接影响离合器的正常工作，因此检修飞轮时必须对飞轮进行端面圆跳动检查。若不在规定范围内，须进行修理或更换，并且要注意修理或更换后须对曲轴总成做动平衡试验。

（2）从动盘检修

从动盘的常见故障现象是变形、磨损、摩擦片被污染或烧蚀硬化等。

当从动盘摩擦片上有油污或被烧蚀硬化时，与飞轮、压盘之间的摩擦系数减小，在同等压紧力时产生的摩擦力下降，引起离合器打滑。从动盘过度磨损使铆钉外露，引起离合器打滑。从动盘变形，使摩擦面的接触面积减小，传力效率降低，引起离合器打滑，同时从动盘翘曲变形或铆钉松脱，还会导致离合器分离时从动盘仍与压盘或飞轮接触，造成离合器分离不彻底。

从动盘检修的主要内容是检查其是否变形，摩擦片表面是否有油污或被烧蚀，如有，则需更换从动盘总成；同时还要检查从动盘的铆钉头深度和端面跳动量，如果不符合标准，则需更换从动盘总成。

（3）离合器盖总成检修

离合器盖总成的常见故障现象是压盘变形、裂纹或烧蚀、盘面磨损等。

压盘（图3-2-4）变形后不能与从动盘摩擦片完全接触，使接触面积减小，传力效率降低，引起离合器打滑。

膜片弹簧因高温烧蚀退火而变软，弹力不足，变形或损坏时，会使其对压盘的压紧力下降，引起离合器打滑。

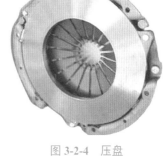

图3-2-4　压盘

离合器盖检修的主要内容是检查压盘表面是否变形，是否有裂纹或烧蚀，压盘面磨损是否均匀，膜片弹簧弹力是否正常，若在检查中发现异常情况，应进行修复或更换。

4. 就车检查飞轮

❶ 就车检查飞轮是否变形或损坏，如有，则更换飞轮。

❷ 用百分表测量飞轮总成的端面跳动。

记录检测数据并与标准数据进行对比：端面跳动应小于0.1mm。

扫一扫

视频精讲

5. 检查离合器从动盘

❶ 检查从动盘是否变形，如有，则更换。

❷ 检查摩擦片表面是否有油污或被烧蚀，摩擦片磨损是否均匀。

❸ 用游标卡尺测量从动盘铆钉头深度，记录检测数据并与标准数据进行对比，铆钉深度标准值应大于0.3mm。

❹ 使用百分表测量离合器从动盘的端面跳动，径向跳动应小于0.8mm。

若不符合标准，则更换离合器从动盘总成。

6. 检查离合器盖

使用游标卡尺测量膜片弹簧磨损的深度和宽度。

记录检测数据并与标准数据进行对比：磨损深度应小于 0.5mm，磨损宽度应小于 6.0mm。若检测不符合标准数据，则需更换离合器盖。

7. 检查离合器压盘

❶ 检查压盘面是否变形，是否有裂纹或烧蚀，压盘面磨损是否均匀，膜片弹簧弹力是否正常，若在检查中发现异常情况，应进行修复或更换。

❷ 使用直尺和厚薄规测量离合器压盘平面度。

记录检测数据并与标准数据进行对比，平面度应小于 0.2mm。

第三节　变速传动机构检修

1. 变速传动机构的作用和组成

变速传动机构的作用是改变速比和旋转方向，其主要由齿轮、轴、同步器、壳体和支承件等组成。变速传动机构如图 3-3-1 所示。

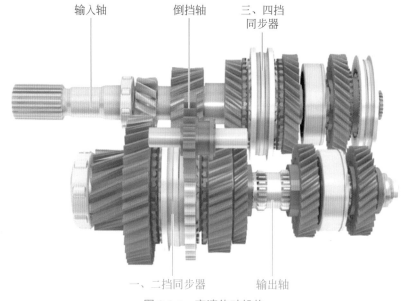

输入轴　　倒挡轴　　三、四挡同步器

一、二挡同步器　　输出轴

图 3-3-1　变速传动机构

2. 同步器的功用与结构

同步器用于防止"齿轮噪声"，使换挡较为顺畅，其结构如图 3-3-2 所示。带有同步器的变速器具有下列优点。

❶ 换挡时不需要驾驶员"双离合"（每次换挡时踩下离合器两次）。

❷ 换挡时，稍做延迟便可挂上挡位。

❸ 换挡更加平稳，且不损伤齿轮。

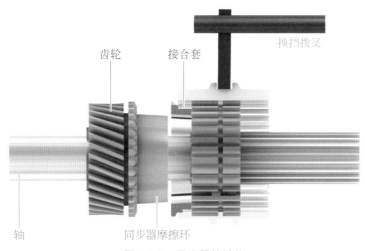

齿轮　　接合套　　换挡拨叉

轴　　同步器摩擦环

图 3-3-2　同步器的结构

同步器的常见形式有锁环式和锁销式，如图 3-3-3 所示，两者的区别主要是前者的自锁结构在锁环上，而后者在锁销上。以下主要以丰田卡罗拉轿车上运用的锁环式同步器进行介绍。

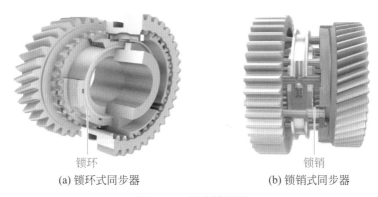

锁环　　　　　　　　　锁销
(a) 锁环式同步器　　　　　(b) 锁销式同步器

图 3-3-3　同步器类型

锁环式同步器由接合套、卡环、花键毂、滑块及齿轮等组成（图 3-3-4）。

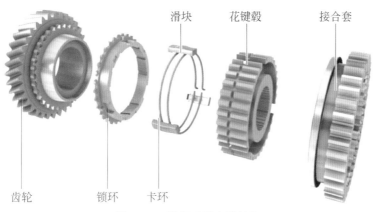

滑块　　花键毂　　接合套

齿轮　　　锁环　　卡环

图 3-3-4　锁环式同步器结构

3. 变速传动机构的检修内容

变速传动机构的检修主要包含以下内容。

（1）同步器的检修

同步器的常见损伤形式是齿轮变形或损伤、滑块或接合套磨损、卡滞等。

同步器齿轮变形或有损伤时，不能与接合套正常啮合；同步器滑块与花键毂槽磨损严重时，滑块无法与锁环正常咬合；同步器接合套与花键毂的轴向移动卡滞，这些故障都将引起换挡困难（图3-3-5）。而同步器接合套磨损变形，与齿轮不能维持在正确的接合位置，则容易造成变速器脱挡。

同步器检修的主要内容是：检查同步器齿轮是否变形或损伤，接合套的接合齿是否磨损过度，同步环和接合套内接合齿形是否偏磨损，如出现异常情况，应进行相应的修复或更换。

（2）齿轮的检修

齿轮的常见损伤形式是过度磨损或变形损坏等。

齿轮过度磨损（图3-3-6），使得沿齿长方向形成倒锥形，啮合时产生一个轴向推力，再加上工作中的振动、转速变化引起惯性等作用，迫使正在啮合的齿轮沿变速器轴向脱开，如此便容易造成变速器脱挡。

齿轮检修的主要内容是：检查齿轮齿形是否磨损过度或断齿、齿轮齿形在齿长方向是否磨损成锥形，若是则应更换。

图3-3-5　齿轮损伤

图3-3-6　齿轮过度磨损

（3）轴的检修

轴的常见损伤形式是轴弯曲变形或花键损坏以及轴与轴承之间的松旷等。

变速器轴弯曲变形或花键损坏，换挡时滑动齿轮或接合齿套的移动阻力增大或卡滞，会造成换挡困难。变速器轴、轴承磨损或轴向间隙过大，在工作中引起轴向或径向窜动，使齿轮啮合不足，沿轴向和径向摆动造成脱挡。

轴检修的主要内容是：检查输入轴与输出轴是否有磨损变形，各轴颈及花键是否有严重磨损，异常时，应予以修复或更换；检查变速器轴和轴承的工作情况，踩下离合器踏板，撬动轴或齿轮，检查轴承的旷动量，必要时拆卸检查或更换。

第四节 变速操纵机构检修

1. 变速操纵机构分类与结构

　　通常，变速操纵机构分为间接式变速操纵机构（图 3-4-1）和直接式变速操纵机构（图 3-4-2）。间接式变速操纵机构的变速杆通过一系列中间连接杆件操纵变速器的内操纵机构，进行选挡、换挡，这种操纵机构多用于前置前轮驱动的车辆。

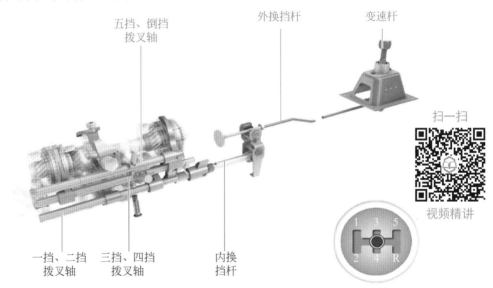

图 3-4-1　间接式变速操纵机构

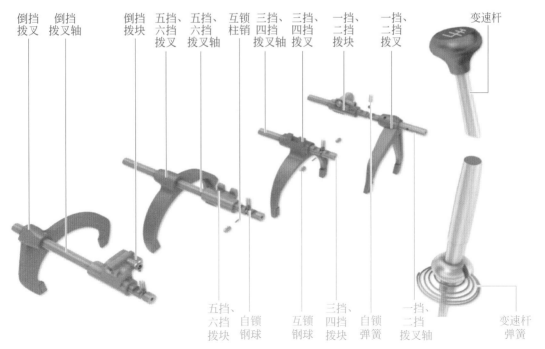

图 3-4-2　直接式变速操纵机构

直接式变速操纵机构一般由变速杆、拨块、拨叉、拨叉轴以及安全装置等组成，它通常布置在驾驶员座椅附近，变速杆由驾驶室底板伸出，驾驶员可以直接操纵，这种机构多用于发动机前置后轮驱动的车辆。

2. 定位锁止装置

为了保证手动变速器能够准确无误地挂入所选定的挡位，并能可靠、安全地工作，手动变速器变速操纵机构设置了定位锁止装置（图3-4-3）。定位锁止装置主要有自锁装置、互锁装置、倒挡锁装置三种形式。

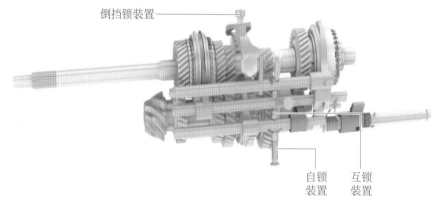

图 3-4-3　定位锁止装置

（1）自锁装置（图3-4-4）

自锁装置用于防止变速器自动脱挡，并保证轮齿以全齿宽啮合。换挡拨叉轴上方有 3 个凹坑，上面有被弹簧压紧的钢珠，当拨叉轴位置处于空挡或某一挡位置时，钢珠压在凹坑中内，起到自锁作用。

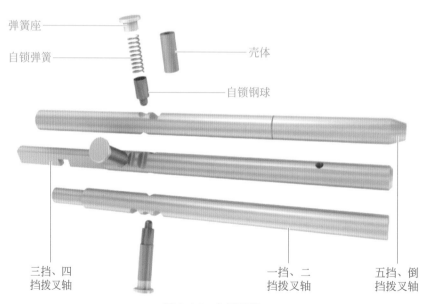

图 3-4-4　自锁装置

（2）互锁装置（图3-4-5）

互锁装置用于防止同时挂上两个挡位。当中间拨叉轴移动挂挡时，另外两个拨叉轴被钢球锁住，防止同时挂上两个挡而使变速器齿轮卡死或损坏，起到了互锁作用。

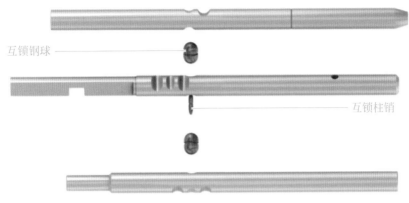

互锁钢球

互锁柱销

图3-4-5 互锁装置

（3）倒挡锁装置（图3-4-6）

倒挡锁装置用于防止误挂倒挡。当换挡杆下端向倒挡拨叉轴移动时，必须压缩弹簧才能进入倒挡拨叉轴上的拨块槽中。这样防止了在汽车前进时因误挂倒挡而导致零件损坏，起到了倒挡锁的作用。当倒挡拨叉轴移动挂挡时，另外两个拨叉轴被钢球锁住。

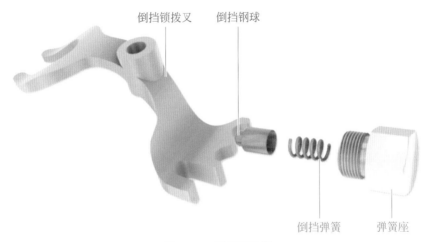

倒挡锁拨叉　　倒挡钢球

倒挡弹簧　　弹簧座

图3-4-6 倒挡锁装置

3. 变速操纵机构的检修内容

变速操纵机构故障通常会引起变速器换挡困难或脱挡，其具体检修如下。

（1）变速器换挡困难故障检修

由变速操纵机构故障引起手动变速器换挡困难的检修内容为：变速杆，自锁或互锁机构，拨叉轴等。

变速杆调整不当，使变速器只有一个方向能挂上挡，此时应调整变速杆的位置；变速杆拨动时的极限位置达不到规定标准，也使变速器很难挂上挡，此时应检查换挡拨叉及接合器是否变形。

变速器自锁或互锁机构的定位销或互锁销损伤、锁定弹簧过硬，使得拨叉轴的移动阻力增大或卡滞，造成换挡困难。如上述构件出现异常，需进行更换。

变速器拨叉轴弯曲变形（图3-4-7）使拨叉轴轴向移动的阻力增大或卡滞，拨叉的工作位置不佳，不能使待啮合的主、从动齿轮或接合齿套顺利啮合，造成换挡困难。如上述构件出现异常，需进行更换。

图3-4-7 拨叉轴弯曲变形

（2）变速器脱挡故障检修

由变速操纵机构故障引起手动变速器脱挡的检修内容为：变速杆，跳挡的挡位拨叉和拨叉轴，定位装置等。

由于变速操纵机构松旷或调整不当、拨叉变形、拨块凹槽磨损等原因，使齿轮在齿长方向啮合不足，造成脱挡。此时应检查换挡杆是否到位，变速杆与换挡杆交接是否松旷，变速杆球头是否磨损严重，支撑杆套是否严重磨损，换挡杆拨块与拨块凹槽磨损是否严重。如上述构件出现异常，须进行更换。

自锁、互锁装置，变速器拨叉轴上的自锁定位槽和定位钢球磨损、定位弹簧弹力不足或折断，使得锁止力量不足、拨叉轴不能可靠定位，自锁装置失效，也会造成脱挡。如上述装置出现异常，须进行更换。

拨叉磨损或变形（图3-4-8）也是造成变速器脱挡的原因之一，如拨叉或拨叉轴出现异常，也需要进行更换。

图3-4-8 拨叉变形

第五节 手动变速器常规维修

1. 手动传动桥油更换流程（以丰田卡罗拉为例）

（1）检查传动桥油

❶ 将车辆停放在平坦路面上。

❷ 拆下变速器注油螺塞和衬垫。

❸ 检查并确认油面在变速器注油螺塞开口最低点以下5mm范围内（图3-5-1）。

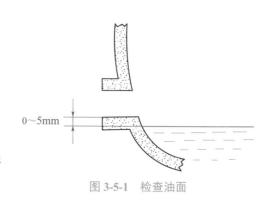

0～5mm

图3-5-1 检查油面

❹ 油位低时，检查机油是否泄漏。
❺ 安装变速器注油螺塞和新衬垫。
扭矩：39N·m。

（2）更换传动桥油

❶ 排净手动传动桥油。
a. 拆下注油螺塞和衬垫。
b. 拆下放油螺塞和衬垫，排净手动传动桥油。
❷ 添加手动传动桥油。
a. 安装新衬垫和放油螺塞。
扭矩：39N·m。
b. 添加手动传动桥油。
c. 安装变速器注油螺塞和新衬垫。
扭矩：39N·m。
❸ 检查手动传动桥油。

2. 差速器油封更换流程（以丰田卡罗拉为例）

差速器油封如图 3-5-2 所示。

扫一扫

视频精讲

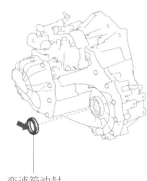

　传动桥壳油封　　　　　变速箱油封
图 3-5-2　差速器油封

❶ 拆卸发动机底罩。
❷ 拆卸发动机后部左侧底罩。
❸ 拆卸发动机后部右侧底罩。
❹ 排净手动传动桥油。
❺ 拆卸前桥半轴总成。

⑥ 拆卸变速箱油封。用 SST 拆下变速箱油封（图 3-5-3）。

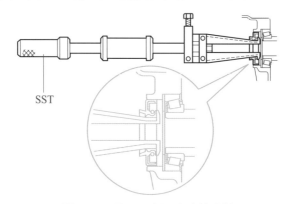

图 3-5-3　用 SST 拆下变速箱油封

⑦ 拆卸传动桥壳油封。用 SST 拆下传动桥壳油封（图 3-5-4）。

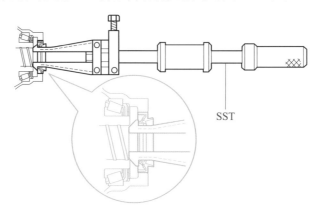

图 3-5-4　用 SST 拆下传动桥壳油封

⑧ 安装变速箱油封（图 3-5-5）。

a. 在新油封唇口上涂抹通用润滑脂。

b. 用 SST 和锤子敲入油封。标准深度：9.6 ～ 10.2 mm。

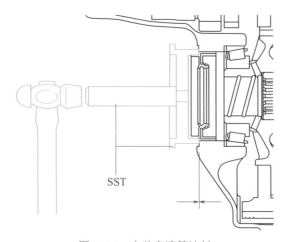

图 3-5-5　安装变速箱油封

⑨ 安装传动桥壳油封（图 3-5-6）。

a. 在新油封唇口上涂抹通用润滑脂。

b. 用 SST 和锤子敲入油封。标准深度：1.6 ～ 2.2mm。

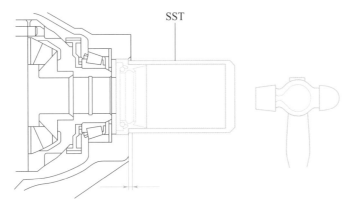

图 3-5-6　安装传动桥壳油封

⑩ 安装前桥半轴总成。

⑪ 添加手动传动桥油。

⑫ 检查手动传动桥油。

⑬ 安装发动机后部右侧底罩。

⑭ 安装发动机后部左侧底罩。

⑮ 安装发动机底罩。

3. 换挡杆总成拆装流程（以丰田卡罗拉为例）

（1）拆卸换挡杆总成

❶ 拆卸仪表板左下装饰板。

❷ 拆卸仪表板右下装饰板。

❸ 拆卸换挡杆把手分总成。

❹ 拆卸中央仪表组装饰板总成。

❺ 拆卸仪表盒总成。

❻ 拆卸前 1 号地板控制台嵌入件。

❼ 拆卸前 2 号地板控制台嵌入件。

❽ 拆卸地板控制台上面板分总成。

❾ 拆卸地板控制台毡垫。

❿ 拆卸后地板控制台总成。

⓫ 断开变速器控制拉索总成。

a. 分离 3 个卡夹，从换挡杆总成上断开线束（图 3-5-7）。

b. 拆下卡子，并从换挡杆总成上断开选挡控制拉索。

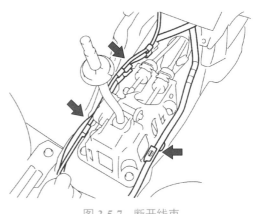

图 3-5-7　断开线束

c. 从换挡杆总成上断开换挡控制拉索（图 3-5-8）。

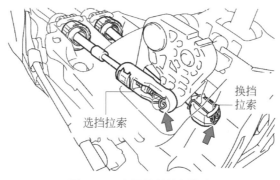

选挡拉索　　换挡拉索

图 3-5-8　断开换挡控制拉索

d. 用螺丝刀拉出变速器控制拉索挡块（图 3-5-9）。

不要拆下挡块。如果挡块已拆下，将其重新安装至原位。

e. 逆时针旋转螺母约 180°（图 3-5-10）并保持在此位置，从换挡杆固定架上断开变速器控制拉索。

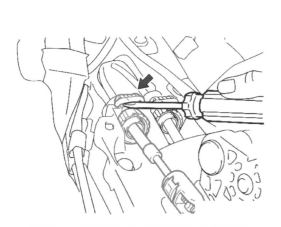

图 3-5-9　用螺丝刀拉出变速器控制拉索挡块

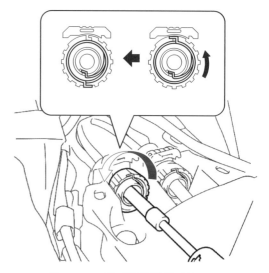

图 3-5-10　逆时针旋转螺母约 180°

不要过度旋转螺母，以免导致其从内部弹簧上脱落；变速器控制拉索不可重复使用。

⑫ 拆下 4 个螺栓和换挡杆总成（图 3-5-11）。

（2）安装换挡杆总成

❶ 用 4 个螺栓安装换挡杆总成。

扭矩：12N·m。

❷ 安装变速器控制拉索总成。

a. 逆时针转动变速器控制拉索螺母约 180°，将螺母保持在此位置，压入挡块直至发出 2 次"咔嗒"声（图 3-5-12）。

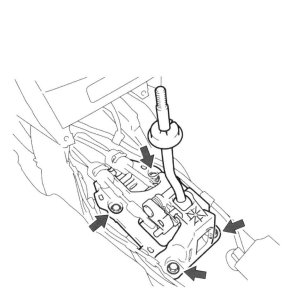

图 3-5-11 拆下 4 个螺栓和换挡杆总成

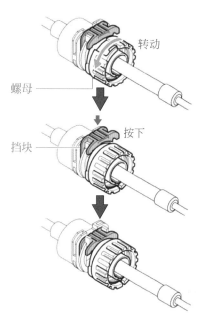

图 3-5-12 拉索螺母安装方法

b. 将变速器控制拉索的外部安装至换挡杆固定架，检查并确认弹簧位置与图 3-5-13 中所示的 A 位置相同并压入挡块。

图 3-5-13 安装控制拉索

如果不能压入挡块，稍微顺时针转动螺母然后压入挡块。

c. 将换挡控制拉索安装至换挡杆总成。

d. 将选挡控制拉索安装至换挡杆总成。

e. 将卡子安装至换挡杆总成。

f. 用 3 个卡夹将线束安装至换挡杆总成。

③ 安装其他零件。

4. 倒车灯开关更换流程（以丰田卡罗拉为例）

（1）拆卸倒车灯开关

① 从蓄电池负极端子断开电缆。

② 拆卸发动机装饰盖。

③ 拆卸空气滤清器盖分总成。

④ 拆卸空气滤清器壳。

⑤ 断开变速器换挡控制拉索。

拆下 2 个卡子并断开变速器换挡控制拉索（图 3-5-14）。

⑥ 拆卸倒车灯开关总成。

a. 断开倒车灯开关连接器和 2 个卡夹（图 3-5-15）。

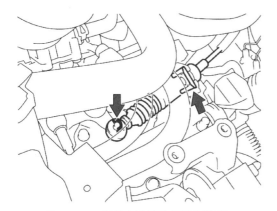

图 3-5-14　断开变速器换挡控制拉索

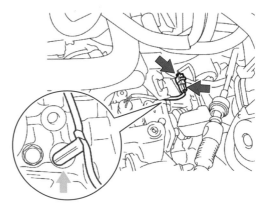

图 3-5-15　断开倒车灯开关连接器

b. 用 SST 从传动桥壳上拆下倒车灯开关和衬垫（图 3-5-16）。

（2）检查倒车灯开关

测量该开关的电阻（图 3-5-17 和表 3-5-1）。

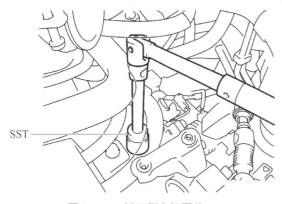

图 3-5-16　拆下倒车灯开关

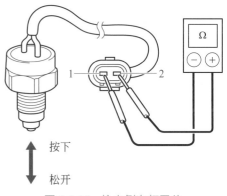

图 3-5-17　检查倒车灯开关

1，2—端子

表 3-5-1　标准电阻

检测仪连接	开关状态	规定状态
1-2	按下	小于 1Ω
1-2	松开	10kΩ 或更大

如果结果不符合规定，则更换倒车灯开关总成。

（3）安装倒车灯开关

安装倒车灯开关总成。扭矩：40N·m。
其他零件按顺序安装。

5. 离合器分离缸拆装流程

（1）拆卸离合器分离缸

❶ 拆卸散热器上空气导流板。
❷ 拆卸离合器分离缸总成。
a. 用连接螺母扳手断开离合器管路。

提示

用容器接取油液。

b. 拆下 2 个螺栓和离合器分离缸（图 3-5-18）。

（2）安装离合器分离缸总成

❶ 用 2 个螺栓安装离合器分离缸。扭矩：12N·m。

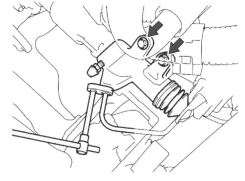

图 3-5-18　拆下 2 个螺栓和离合器分离缸

❷ 用连接螺母扳手连接离合器管路。

扭矩：不使用连接螺母扳手时为 15N·m；使用连接螺母扳手时为 14N·m。

小心

a. 使用力臂长度为 250 mm 的扭矩扳手；
b. 当连接螺母扳手与扭矩扳手平行时，扭矩值有效。

❸ 对制动液储液罐进行加注。
❹ 对离合器管路进行放气。
❺ 检查制动液液位。
❻ 检查制动液是否泄漏。

提示

检查离合器系统内制动液是否泄漏。

⑦ 安装散热器上空气导流板。

6. 离合器、分离轴承拆装流程

（1）拆卸离合器、分离轴承

① 拆下手动传动桥总成。

② 拆卸离合器分离叉分总成。从手动传动桥上拆下带离合器分离轴承的离合器分离叉（图 3-5-19）。

③ 拆卸离合器分离叉防尘套。从手动传动桥上拆下离合器分离叉防尘套（图 3-5-20）。

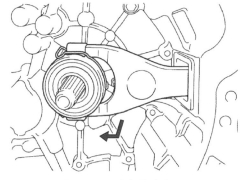

图 3-5-19　离合器分离叉

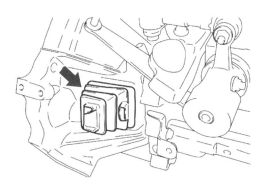

图 3-5-20　拆下离合器分离叉防尘套

④ 拆卸离合器分离轴承总成。从离合器分离叉上拆下分离轴承和卡子（图 3-5-21）。

⑤ 拆卸分离叉支撑件。从手动传动桥上拆下分离叉支撑件（图 3-5-22）。

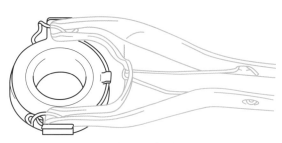

图 3-5-21　拆下分离轴承和卡子

图 3-5-22　拆卸分离叉支撑件

⑥ 拆卸离合器盖总成。

a. 在离合器盖总成和飞轮分总成上做好装配标记（图 3-5-23）。

b. 每次将各固定螺栓拧松一圈，直至弹簧张力被完全释放。

c. 拆下固定螺栓并拉下离合器盖。

❼ 拆下离合器盘总成。

使离合器盘总成衬片部分、压盘和飞轮分总成表面远离油污及异物。

（2）安装离合器、分离轴承

❶ 将 SST 插入离合器盘总成，然后将它们一起插入飞轮分总成（图 3-5-24）。

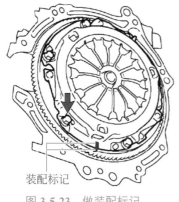
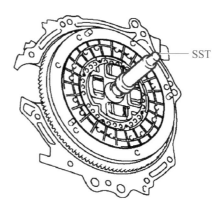

装配标记

图 3-5-23　做装配标记　　　　　　　　图 3-5-24　安装离合器盘总成

❷ 安装离合器盖总成。

a. 将离合器盖总成上的装配标记和飞轮分总成上的装配标记对准。

b. 按照如图 3-5-25 所示的步骤，从位于顶部锁销附近的螺栓开始，按顺序拧紧螺栓。

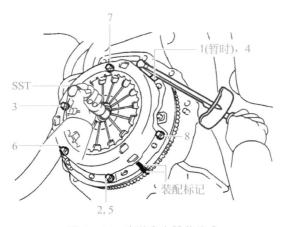

图 3-5-25　安装离合器盖总成

扭矩：19N·m。

• 按照如图 3-5-25 所示的顺序，每次均匀拧紧一个螺栓。

• 检查并确认盘位于中心位置后，上下左右轻微地移动 SST，然后拧紧螺栓。

❸ 安装分离叉支撑件。扭矩：37N·m。

❹ 安装离合器分离叉防尘套。

❺ 安装离合器分离叉分总成。

a. 在分离叉和分离轴承总成、分离叉和推杆、分离叉和叉支撑件间的接触面上涂抹分离毂润滑脂。

b. 用卡子将分离叉安装至分离轴承总成。

❻ 安装离合器分离轴承总成。

a. 在输入轴花键上涂抹离合器花键润滑脂（图 3-5-26）。

 小心

不要在图 3-5-26 中所示的 A 部位涂抹润滑脂。

b. 将带分离叉的离合器分离轴承安装至传动桥总成。

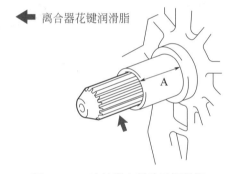

← 离合器花键润滑脂

图 3-5-26　涂抹离合器花键润滑脂

❼ 安装手动传动桥总成。

扫一扫

视频精讲

第四章
自动变速器

第一节 9速变速器

1. 9速变速器概述

ZF 9HP48 变速器专门为四轮驱动的横向应用而设计。6挡位增加至9挡位能够提高燃油经济性并减少二氧化碳排放。更小的挡位间隔可以提高加速期间的响应，同时使得换挡更平稳（图4-1-1）。

最低挡位比现有6速变速器的最低挡位更低，专门为越野、牵引和更极端的道路状况（例如陡坡）而设计。

多个创新设计功能实现了变速器的小体积空间，这些功能包括新的液压叶片式机油泵、4个简单的齿轮组、6个换挡元件（包含替代传统的笨重离合器组件的2个爪形离合器、2个多片式离合器和2个多层制动器）。

变矩器包括多阶减振系统，能够实现更平稳的加速。变速器能够停止/启动，在汽油机和柴油机上均有提供，可获性取决于市场。

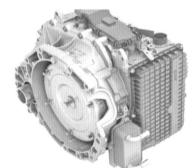

图4-1-1 9速变速器

由于安装控件的限制，一般的完全集成的 ZF 机电装置模块未内置在变速器壳体内。液压阀块和 TCM（变速器控制模块）作为单独的装置安装。TCM 由外部安装在变速器壳体的外侧，液压阀块置于变速器的前侧（图4-1-2）。

四轮驱动主动传动系统（图4-1-3）可以对所处的驾驶环境和驾驶员意图做出反应，方式是自动断开主要的旋转传动部件，以降低损失。

在正常的稳态驾驶状况下，该系统能够断开整个传动系统 PTU（动力传递单元）的后部，这意味着所有主要的后轮驱动部件都将静止（零转速和转矩）。在此情况下，仅由前轮提供驱动力，从而实现两轮驱动所具有的燃油经济性。

从驾驶员的角度来说，该系统的工作方式与自动和手动变速器相同。为了给驾驶员提供系统操作的反馈，可以使用车辆触摸屏上的传动系统图片显示。

图 4-1-2　TCM（变速器控制模块）安装位置　　　　图 4-1-3　主动传动系统

1—TCM（变速器控制模块）；2—液压阀块

PTU 包含一个同步器，可断开 PTU 准双曲面齿轮的四轮驱动系统上游。

RDU（后驱动单元）通过独立的湿式多片式离合器驱动各个后车轮。离合器将断开 RDU 准双曲面齿轮的四轮驱动系统下游。

PTU 同步器和 RDU 由专门的传动控制装置控制（图 4-1-4），用于持续监测车辆的动态情况，在稳态驾驶速度时会断开，并且会根据驾驶状况 / 动态情况自动重新连接（在 300ms 内）。

(a) PTU(动力传递单元)　　　　　　　(b) RDU(后驱动单元)

图 4-1-4　PTU 和 RDU

2. 9 速变速器的组成

ZF 9HP48 变速器包括主壳体，该壳体内包含了所有的变速器部件。变矩器位于单独的变矩器外壳中，用螺母固定在主壳体上（图 4-1-5）。

发动机转矩通过行星齿轮传动机构传输。齿轮传动机构由来自爪形离合器、多层制动器和离合器装置的反作用输入来控制，产生 9 个前进挡位和 1 个倒车挡。

应用到所需离合器和 / 或制动器的机油压力将离合器片按压在一起，从而通过这些盘传送驱动力。应用到爪形离合器活塞的机油压力可使爪形离合器啮合和脱开。利用换挡部件，在执行通电换挡时，不会中断牵引并实现传动比之间的顺畅转换。

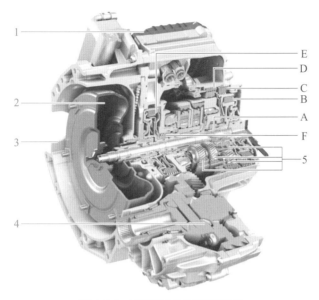

图 4-1-5　ZF 9HP48 变速器组成

1—油盘；2—变矩器；3—变速器壳体（两个部分）；4—差速器；5—齿轮组 1～4；A—爪形离合器 A；
B—多片式离合器 B；C—多层制动器 C；D—多层制动器 D；E—多片式离合器 E；F—爪形离合器 F

变速器使用以下常用于变矩器自动变速器的部件（图 4-1-6）。

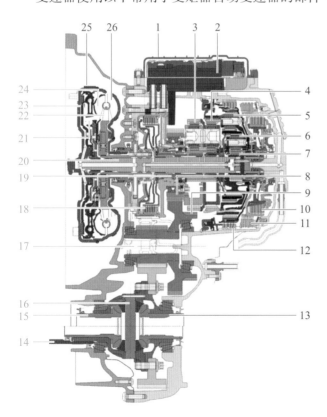

图 4-1-6　变速器部件

1—油盘；2—阀块；3—行星齿轮组 4；4—行星齿轮组 3；5—行星齿轮组 2；6—行星齿轮组 1；7—爪形离合器 A；8—支线小齿轮；9—驻车联锁齿轮；10—多片式离合器 B；11—多层制动器 C；12—多层制动器 D；13—左花键输出轴（连接到半轴）；14—右花键输出轴［连接至动力传递单元（PTU）］；15—右花键输出轴（连接到半轴）；16—差速器；17—变速器机油泵；18—多片式离合器 E；19—爪形离合器 F；20—输入轴；21—扭转减振器；22—变矩器定子；23—变矩器锁止离合器；24—变矩器涡轮；25—变矩器总成；26—变矩器叶轮

❶ 具有集成式变矩器锁止离合器的液力变矩器。

❷ 叶片式机油泵。

❸ 两个多层制动器。

❹ 两个多片式离合器。

❺ 两个爪形离合器。

❻ 四个行星齿轮组。

❼ 通过直齿轮串级装置和钝夹角齿轮差速器的前轮轴驱动装置。

❽ 具有锁定卡爪和驻车联锁齿轮（集成在前轮轴驱动装置内）的驻车锁。

❾ 具有外部电子控制单元的液压阀块。

3. 自动变速器零部件结构及作用

（1）变矩器

变矩器（图4-1-7）是传统的直列式变矩器，具有集成式变矩器锁止离合器。锁止离合器可在所有前进挡下关闭。

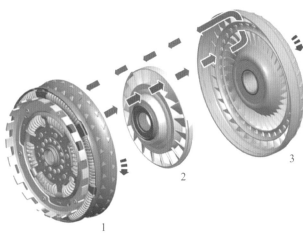

图 4-1-7　变矩器

1—涡轮；2—定子；3—叶轮

变矩器的操作基于以下三个转子的互动：

❶ 叶轮——发动机驱动。

❷ 涡轮——驱动变速器。

❸ 定子——安装在叶轮和涡轮之间。

叶轮和涡轮将发动机连接至变速器。叶轮向涡轮提供充分的变速器油液环流。油液流会重新导入定子的方向，然后从定子流回叶轮。

定子通过将油液流导入叶轮叶片来减少叶轮的负荷。因此，涡轮中的转矩将增加。只要叶轮和涡轮之间存在转速差，就会产生转矩增量。

启动车辆时，转速差以及由此产生的转矩增量将会达到最大值。在加速过程中，叶轮和涡轮之间的转速差缓慢减小，从而减小转矩增量。当叶轮转速的85%应用到涡轮时，转矩增量几乎降至零。在车速恒定时，叶轮和涡轮转速几乎相等。但是，仍然存在小量转速差，因此仍然存在残余打滑。

从理论上来说，减速会导致涡轮转速大于叶轮转速。如果定子固定，则会导致发动机方向产生不需要的转矩增量。为此，定子通过单向离合器连接至变速器的固定定子轴。此设计使得定子能够在减速期间自由旋转，对油液流产生细微影响。在这种情况下，变矩器仅作为油液离合器工作。变矩器结构如图4-1-8所示。

变矩器的基本设计是通过叶轮和涡轮之间的油液流连接发动机及变速器。但是，这会产生涡轮打滑滞后。叶轮和涡轮之间的转速差越大，则效率损失越大。

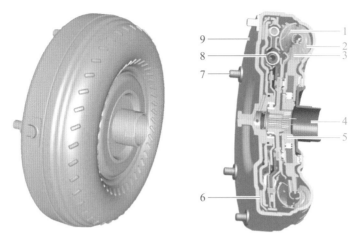

图 4-1-8　变矩器结构

1—涡轮；2—叶轮；3—定子；4—变速器连接；5—单向离合器；6—锁止离合器；
7—发动机传动板紧固柱头螺栓；8—扭转减振器；9—变矩器壳体

为了避免该效率损失，通过锁止离合器机制将叶轮和涡轮连接在一起。在所有前进挡下，锁止离合器由 TCM 电动选择并液压执行。启动车辆时，离合器将会打开，因为如不打开变矩器锁止装置将会阻止使用转矩增量。在稳定加速或车速恒定时，将会调整变矩器锁止离合器（图 4-1-9）。

离合器将在请求换挡时打开，从而实现换挡过程中一个挡位至下一挡位的平稳过渡。换挡操作完成之后，变矩器锁止离合器将会立即关闭。

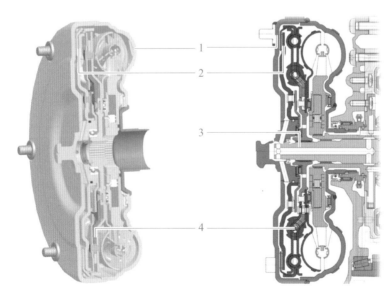

图 4-1-9　变矩器锁止离合器的位置

1—变矩器；2—变矩器锁止离合器；3—输入轴；4—扭振减振器

（2）变速器机油泵（图 4-1-10）

未调节的叶片机油泵将机油提供给变速器。该机油泵位于一块中间板上，该中间板与变矩器后面的变速器主壳体内侧相连。

变矩器前端的扁平部分通过一个一体式链轮驱动小齿轮。链条将该链轮连接至机油泵驱动链轮，从而以发动机转速旋转机油泵。过滤器将会在机油进入机油泵之前去除所有颗粒物质。

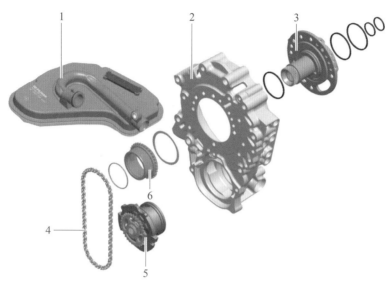

图 4-1-10　变速器机油泵

1—机油滤清器；2—中间板；3—定子轴；4—驱动链条；5—机油泵；6—传动小齿轮

叶片式机油泵（图 4-1-11）可提供 3.5bar 和 44bar❶ 的系统压力和每转 14.7cm³ 的流速。该泵可以 700 ~ 7800r/min 的速度运行，最大速度为 8600r/min。

切换爪形离合器所需的压力为 44bar，可能的最大压力为 75bar。在冷启动时，如果环境温度过低，则压力可能会达到 90bar。

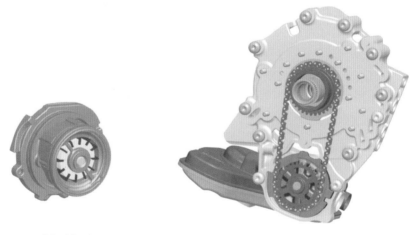

(a) 叶片式机油泵　　　　　　　　(b) 包括机油过滤器的供油总成

图 4-1-11　叶片式机油泵与供油总成

---

❶　1bar=10⁵Pa。

（3）行星齿轮传动机构

行星齿轮传动机构包括四个行星齿轮组：GS1、GS2、GS3 和 GS4。

发动机转矩通过多片式离合器、多层制动器和两个爪形离合器的单一或组合操作传输到四个行星齿轮传动机构中。行齿轮传动机构（图 4-1-12）均由来自离合器的反作用输入进行控制，产生 9 个前进挡和 1 个倒车挡。

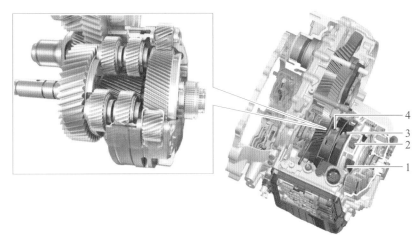

图 4-1-12　行星齿轮传动机构

1—齿轮组 1；2—齿轮组 2；3—齿轮组 3；4—齿轮组 4

（4）变速单元（图4-1-13）

变速器的操作模式基于改变的单独齿轮以及相应的齿轮组。该功能通过以下换挡元件实现：

- 2 个爪形离合器；
- 2 个多层制动器；
- 2 个多片式离合器。

图 4-1-13　变速单元

1—多片式离合器［第二个多片式离合器看不到（位于多层制动离合器后面）］；

2—爪形离合器；3—多层制动器

互锁爪形离合器的使用对于客车自动变速器来说是全新的。两个爪形离合器替代了传统的笨重离合器组件，从而使结构紧凑而不损失阻力（图 4-1-14）。

图 4-1-14　互锁爪形离合器
1—爪形离合器 F；2—爪形离合器 A

❶ 爪形离合器 A。爪形离合器 A（图 4-1-15）位于输入轴末端，将输入轴连接至太阳齿轮 S2 和齿环 R1。该离合器由双重作用活塞的机油压力操作，该活塞可啮合和脱开爪形离合器。该活塞通过一个销连接至爪形离合器，此销可在输入轴的槽内轴向移动。

爪形离合器 A 是带有内部和外部花键的套筒，通过内部花键与输入轴永久啮合。当活塞沿着输入轴将爪形离合器 A 移至"关闭"位置时，它与齿轮组 1 和 2 齿环壳体接合，从而将来自输入轴的驱动传输到齿轮组 2 上。

活塞将爪形离合器 A 移至"打开"位置的相对方向，从而脱开齿环壳体。爪形离合器 A 在挡位为 1 ~ 7 时处于"关闭"位置。

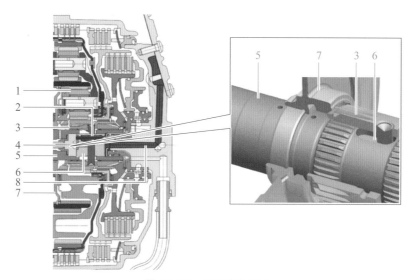

图 4-1-15　爪形离合器 A
1—行星齿轮组 1；2—感测活塞；3—爪形离合器 A；4—提供机油压力，以释放爪形离合器 A；5—输入轴；
6—活塞；7—齿环壳体；8—提供机油压力，以啮合爪形离合器 A

爪形离合器 A 有两种状态：打开和关闭。活塞不能确定爪形离合器 A 是否已完成全行程距离，是否完成了与齿环壳体的接合，或者是否保持在中间位置。为了能够识别出位置，安装了感测活塞。感测活塞上的机油压力泄漏由传感器装置内的压力传感器测量。

感测活塞为空心结构并在活塞内轴向移动。当机油压力应用到活塞右侧时，活塞和感测活塞将被推至左侧。少量机油压力将会流过感测活塞。此泄漏压力由压力传感器在活塞左侧测得。当活塞完全移至左侧并达到其端部位置时，通过感测活塞的泄漏被阻塞。活塞左侧的压降将被感测到，使得 TCM 能够确定爪形离合器 A 是否已与齿环壳体完全啮合。

如果活塞左侧的压力在指定的换挡时间内并未下降，则 TCM 将确定爪形离合器 A 是否已停在中间位置。

爪形离合器 A 具有四种可能的工作状态（图 4-1-16）。

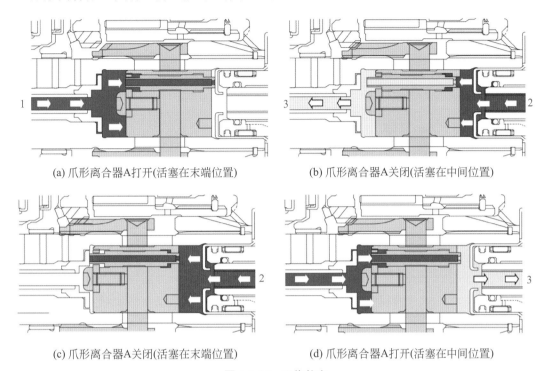

(a) 爪形离合器A打开(活塞在末端位置)　　　　(b) 爪形离合器A关闭(活塞在中间位置)

(c) 爪形离合器A关闭(活塞在末端位置)　　　　(d) 爪形离合器A打开(活塞在中间位置)

图 4-1-16　工作状态

1—已施加机油压力（爪形离合器 A 打开）；2—已施加机油压力（爪形离合器 A 关闭）；
3—通过感测活塞的泄漏进行压力感测

a. 爪形离合器 A 打开。对左侧腔室的活塞施加压力，爪形离合器 A 打开。当感测活塞达到其最大移动限制时，右侧腔室的机油压力几乎为零，从而防止感测活塞泄漏。

b. 爪形离合器 A 关闭。对右侧腔室的活塞施加压力，从而移动爪形离合器 A 使其与齿环壳体啮合。当活塞处于中间位置时，流过感测活塞进入左侧腔室的泄漏压力由压力传感器测得。此时测得的压力约为 2bar。

c. 爪形离合器 A 关闭。对右侧腔室的活塞施加机油压力，爪形离合器 A 关闭，与齿环壳体完全啮合。当感测活塞达到其最大移动限制时，左侧腔室的机油压力几乎为零，从而防止感测活塞泄漏。

d. 爪形离合器 A 打开。对左侧腔室的活塞施加压力，使爪形离合器 A 与齿环壳体断开。当活塞处于中间位置时，流过感测活塞进入右侧腔室的泄漏压力由压力传感器测得。此时测得的压力约为 2bar。

❷ 爪形离合器 F。爪形离合器 F（图 4-1-17）位于多片式离合器 E 和行星齿轮组 4 之间。爪形离合器由位于轴承支承壳体内的双重作用活塞控制。

爪形离合器 F 是带有内部和外部花键的套筒。该套筒永久啮合在轴承支撑壳体的花键上，而轴承支撑壳体反过来固定在变速器壳体内。当爪形离合器 F 移至关闭位置时，对行星齿轮组 4 中的太阳齿轮 3 和 4 来说，它相当于一个制动器。

爪形离合器 F 具有两种状态：打开和关闭，其使用的感测系统比爪形离合器 A 更加简单。爪形离合器 F 和活塞是一个一体式装置，不需要感测活塞。活塞具有一个泄漏感测孔，用于通过压力感测检测其当前的位置。

对活塞右侧施加压力，使爪形离合器 F 移至左侧。在移动期间，少量机油压力已流过泄漏感测孔。此泄漏压力由压力传感器在活塞的左侧处测得。当活塞完全移至左侧并达到其端部位置时，通过感测孔的泄漏被阻塞。活塞左侧的压降将被测得，使得 TCM 能够确定爪形离合器 F 是否与太阳齿轮 3 和 4 完全断开。如果活塞左侧的压力在指定的换挡时间内并未下降，则 TCM 将确定爪形离合器 F 是否已停在中间位置。

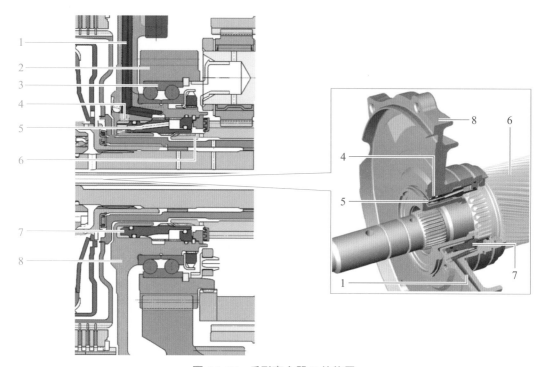

图 4-1-17　爪形离合器 F 的位置

1—机油压力供应（打开）；2—支线小齿轮；3—角接触滚珠轴承滚道；4—机油压力供应（关闭）；
5—压力感测泄漏孔；6—太阳齿轮 3 和 4；7—爪形离合器 F；8—轴承支撑壳体

工作状态如图 4-1-18 所示。

a. 爪形离合器 F 打开。对右侧腔室的活塞施加压力，爪形离合器 F 打开。因为活塞被推至其最大移动限制时，左侧腔室的机油压力几乎为零，从而防止感测孔泄漏。

b. 爪形离合器 F 关闭。将爪形离合器 F 与太阳齿轮 3 和 4 啮合之前，对左侧腔室施加机油压力，使活塞向右移动。活塞移至中间位置。泄漏的压力油流过感测孔进入右侧腔室。测得的压力约为 2bar。

c. 爪形离合器 F 关闭。对左侧腔室的活塞施加机油压力，爪形离合器 F 关闭，与太阳齿轮 3 和 4 完全啮合。因为活塞被推至其最大移动限制时，右侧腔室的机油压力几乎为零，关闭感测孔。

d. 爪形离合器 F 打开。断开太阳齿轮 3 和 4 之前，对右侧腔室的活塞施加机油压力，使活塞向左移动。活塞移至中间位置。泄漏的压力油流过感测孔键入左侧腔室。测得的压力约为 2bar。

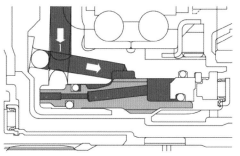

(a) 爪形离合器F打开(活塞在末端位置)

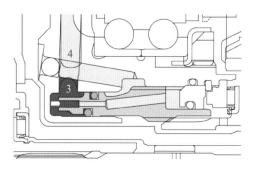

(b) 爪形离合器F关闭(活塞在中间位置)

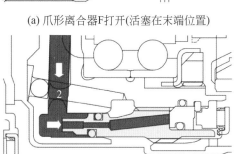

(c) 爪形离合器F关闭(活塞在末端位置)

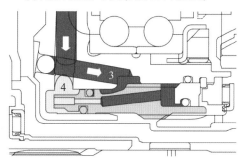

(d) 爪形离合器F打开(活塞在中间位置)

图4-1-18 工作状态

1—已施加机油压力（爪形离合器F打开）；2—已施加机油压力（爪形离合器F关闭）；
3—已施加机油压力（爪形离合器F在中间位置）；4—通过感测孔的泄漏来感测压力

（5）多片式驱动和制动离合器（图4-1-19）

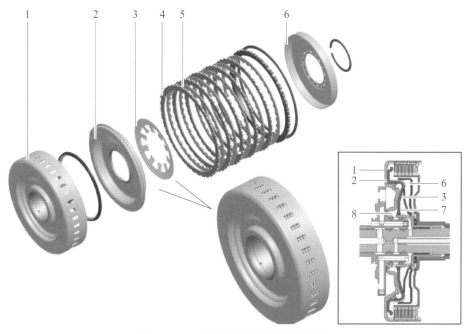

图4-1-19 多片式驱动和制动离合器

1—气缸；2—活塞；3—碟形弹簧；4—金属板；5—摩擦片；6—挡板；7—压力均衡室；8—活塞室

变速器具有两个多片式驱动离合器和两个多层制动器。每个离合器或制动器都包含多个摩擦片，其具体数量依控制输出而定。典型的离合器包括许多钢制外板和内板，其表面附着有摩擦材料。

在离合器打开时，驱动离合器的摩擦盘和金属盘将旋转。制动离合器的摩擦盘或金属盘旋转，另一个固定在静止位置。

多片式离合器和制动盘（图4-1-20）通过盘形弹簧及机油压力分别实现机械与液压分离。加压机油通过输入轴上的孔进入挡板和活塞之间的腔室。为防止由于离心力所产生的压力增大而造成的不当离合器应用，压力均衡室内的机油在活塞室内克服压力并使活塞离开离合器板总成。

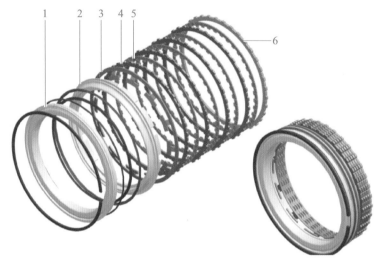

图 4-1-20　多片式离合器和制动盘

1—气缸；2—活塞；3—板弹簧；4—金属盘；5—离合器衬盘；6—端板

多片式制动器不需要挡板和压力均衡室来补偿在旋转活塞中产生的离心式压力。

当需要应用活塞时，机油压力将从供油口施加到活塞腔室。此压力将会克服均衡室内存在的低压机油压力。活塞逆着盘形弹簧施加的压力移动，并压缩离合器板总成。当压力下降时，盘形弹簧推动活塞离开离合器板总成，从而分离离合器。

（6）变速器输出驱动（图4-1-21）

转矩可以通过直齿轮串级装置和钝夹角齿轮差速器从行星齿轮组直接传输至前轮轴驱动装置。中央直齿小齿轮额外提供，并带有驻车锁定齿轮。

（7）驻车锁

驻车锁（图4-1-22）包括一个换挡器轴、一个驻车锁闭杆、一个换挡杆、一个驻车锁爪和一个驻车锁定齿轮。

驻车锁由阀块上的控制电磁阀和滑阀以电子及液压方式驱动。滑阀与换挡杆轴上的控制杆啮合。换挡杆轴上的第二个控制杆与驻车传感器啮合。

启动控制电磁阀时，驻车锁止滑阀移动，选择驻车锁止杆。控制杆的旋转移动转换成换挡杆的线性移动，从而应用/释放驻车锁的驻车锁定卡爪。

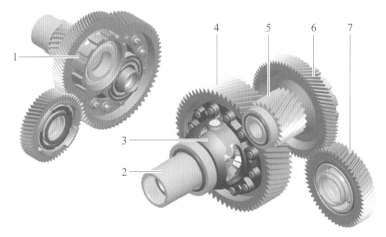

图 4-1-21 变速器输出驱动

1—驻车锁定齿轮；2—PTU（动力传递单元）连接套筒；3—前轴差速器；4—输出齿轮；
5—小齿轮；6—中间齿轮；7—输入齿轮

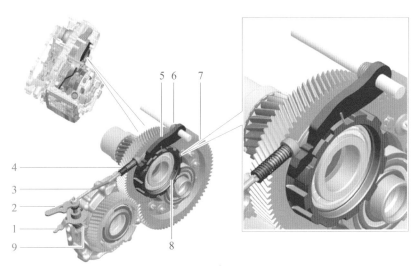

图 4-1-22 驻车锁

1—驻车锁杆（连接至执行器滑阀）；2—换挡杆轴维修用驻车释放杆；3—驻车杆；4—弹簧；5—驻车锁定卡爪；
6—弹簧；7—差速直齿轮；8—驻车锁定齿轮；9—驻车锁杆（执行驻车传感器）

（8）TCM（变速器控制模块）（图4-1-23）

TCM 连接至 CAN 动力总成总线，从而能够与其他系统模块进行通信。该模块输出信号以操作变速器电磁阀，而该电磁阀反过来则控制液压操作，从而能够处理来自变速器速度和温度传感器的信号。

使用接收的信号输入和预先编程设置的数据，该模块将计算正确挡位、变矩器离合器设置以及最佳设置，以进行换挡。

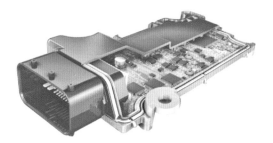

图 4-1-23 TCM（变速器控制模块）

（9）阀块总成（图4-1-24）

阀块总成位于变速器主壳体前部的竖直位置，在密封罩后面，包含数个电磁阀和滑阀，它们控制变速器的操作。

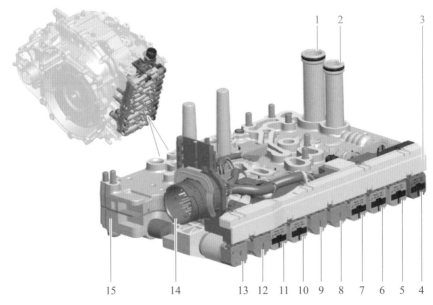

图 4-1-24　阀块总成

1—机油泵进口；2—机油泵压力出口；3—传感器单元；4—系统压力控制阀（PCV）；5—变矩器锁止离合器 PCV；
6—多片式离合器 B PCV；7—多片式离合器 E PCV；8—爪形离合器 A 电磁阀；9—爪形离合器 F 电磁阀；
10—多片式离合器 D PCV；11—多片式离合器 C PCV；12—驻车锁止电磁阀；13—电磁阀
（控制驻车锁执行器）；14—电子连接器；15—阀块

（10）压力控制阀（图4-1-25）

六个 PCV（压力控制阀）位于阀块中。电磁阀操作的阀由 PWM（脉宽调制）信号控制。电磁阀将电信号转换为与信号成比例的液压控制压力，进而启动滑阀和离合器来实施精确的变速器操作。

控制多片式离合器和变矩器锁止离合器的五个电磁阀随信号电流的增大提供较大控制压力。TCM 监测发动机负荷和离合器打滑，进而变更电磁阀占空比。电磁阀的工作电压为12V，压力范围为 0 ～ 4.7bar。

控制系统压力的一个电磁阀随着信号电流的增大提供较小的控制压力。

在 20℃下，用于所有 PCV 电磁阀的线圈绕组的阻抗为 5.05Ω。

（11）电磁阀

电磁阀（图4-1-26）位于阀块中，控制爪形离合器和驻车锁的应用。

该阀是一个由 TCM 控制的打开 / 关闭、开 / 关式电磁阀，将电磁阀切换至接地。该模块按照编程设置的顺序给电磁阀通电，进而启动离合器应用程序，实现传动比变更和换挡控制。

在 20 ℃下，电磁阀线圈绕组的阻抗为 10 ～ 11Ω。

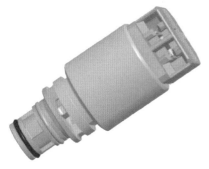

图 4-1-25　压力控制阀

图 4-1-26　电磁阀

（12）驻车锁止执行器（电磁阀控制）（图4-1-27）

电磁阀控制电子驻车锁功能。当释放驻车锁时，电磁阀将会通电，使机油压力反作用在滑阀上，从而使其移动与电磁阀的棘爪接触。滑阀的移动带动驻车杆，并将驻车爪从驻车互锁挡释放。在电磁阀保持磁铁的协助下，棘爪关闭，将滑阀保持在解锁位置。梭阀保持滑阀上的机油压力，防止在电气故障时发生意外的驻车锁操作，直到发动机停止。

当驻车锁通电时，滑阀的机油压力将释放，控制电磁阀将断电。插销爪释放，滑阀在弹簧压力下回到驻车锁止位置且驻车锁止啮合。

如果发生电气故障或发动机不运行，则必须执行维修驻车释放步骤，以手动释放驻车锁。

为了让车辆转动，当发动机停止且 TCS（变速器控制开关）处于空挡时，控制电磁阀磁铁保持通电。该操作能在无液压情况下，让变速器退出驻车挡并保持 10min。此后，控制电磁阀断开，释放插销爪并让滑阀回到驻车位置。

在 20 ℃下，电磁阀线圈绕组的阻抗为 25Ω。

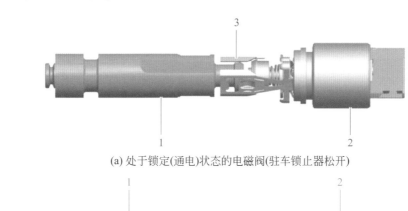

(a) 处于锁定(通电)状态的电磁阀(驻车锁止器松开)

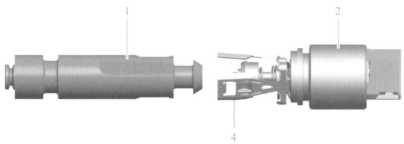

(b) 处于解锁(断电)状态的电磁阀(驻车锁啮合)

图 4-1-27　驻车锁止执行器（电磁阀控制）

1—滑阀；2—控制电磁阀（保持磁铁）；3—棘爪锁定；4—棘爪解锁

（13）传感器单元

传感器单元（图 4-1-28）安装在滑阀上。该单元包括一个 26 针脚电气接头、一个驻车传感器、一个压力传感器接头、两个速度传感器、10 个电磁阀接头和一个机油温度传感器。

驻车传感器包括一个滑动开关，当驻车锁执行器移动它时将由换挡杆轴操作。变速器中使用了两个速度传感器。传感器通过多片式离合器"E"的离合器筐格和支线小齿轮的齿轮齿中的插槽读取速度。传感器为 TCM 提供输入和输出速度信号，后者处理这些信号以计算发动机转矩输出、换挡正时以及变矩器锁止。

机油温度传感器集成到变速器传感器单元的内部接线线束中。为了实现不同机油温度范围内的平稳换挡，TCM 监测机油温度信息，进而调整换挡元件的应用，以适应较大范围的机油温度和黏度。

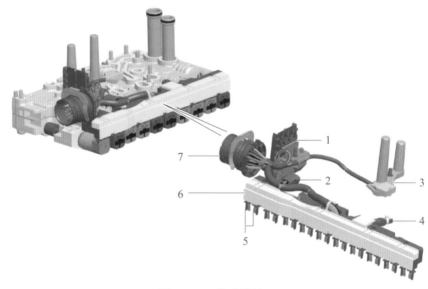

图 4-1-28　传感器单元

1—驻车传感器；2—压力传感器接头；3—速度传感器（变矩器和输出轴）；4—机油温度传感器；5—用于压力控制阀、电磁阀和驻车锁止控制电磁阀的接头针脚；6—接头板；7—变速器电气接头

4. 系统操作和控制

（1）概述

变速器由 TCM 控制，后者可以启用不同的电磁阀，从而控制变速器换挡。电磁阀激活的顺序是根据 TCM 软件中的程序控制信息以及物理变速器的工作条件来确定的，例如车速、节气门位置、发动机负荷以及换挡选择。

变速器控制系统如图 4-1-29 所示。

TCM 处理来自变速器速度 / 温度传感器的信号以及其他车辆系统的数据交换。使用接收的信号和预编程设置的数据，TCM 将计算正确挡位、变矩器离合器设置以及最佳设置，以进行换挡和锁止离合器控制。TCM 向 TCS 输出硬接线驻车信号，以确定变速器何时啮合驻车挡。

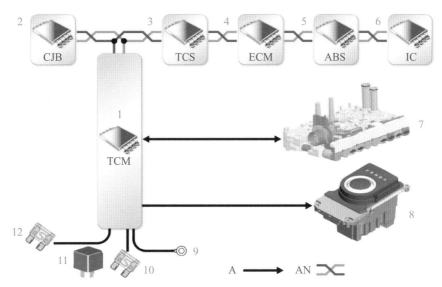

图 4-1-29　变速器控制系统

1—TCM（变速器控制模块）；2—中央接线盒（CJB）；3—TCS（变速器控制开关）；4—ECM（发动机控制模块）；
5—ABS（防抱死制动系统）控制模块；6—仪表盘；7—阀块；8—TCS（变速器控制开关）；9—接地；10—熔丝
（来自点火继电器的点火电源）；11—点火继电器（CJB）；12—熔丝（永久性蓄电池电源）

（2）功率通量

TCM 可启用不同的阀块电磁阀，后者反过来控制换挡元件，以实现所需的变速器换挡。变速器的核心是基于 4 个行星齿轮组。行星齿轮组 GS1 和 GS2 使用一个连接行星架。各齿轮组包含 4 个行星齿轮。齿轮组 GS2 的太阳齿轮 S2 有一个额外的内部传动装置，随着齿轮组 GS1 的环形齿轮 R1 一同操作。环形齿轮 R3 连接到行星架 PC1 和 PC2，因此按与行星架相同的方向和速度旋转。齿轮组 GS3 和 GS4 作为一个辛普森行星齿轮组通过一个接头太阳齿轮 S3/S4 连接。环形齿轮 R4 连接到行星架 PC3，因此按与行星架相同的方向和速度旋转。

来自变速器的最终输出通过齿轮组 GS4 产生，并通过一个直齿轮输入差速器（图4-1-30）。

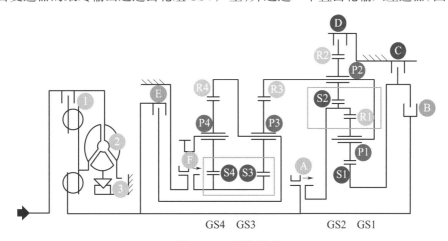

图 4-1-30　工作原理

1—变矩器锁止离合器；2—变矩器；3—变矩器单向离合器；E—多片式离合器 E；F—爪形离合器 F；P4—行星齿轮 P4；
R4—环形齿轮 R4；R3—环形齿轮 R3；P3—行星齿轮 P3；S4—太阳齿轮 S4；S3—太阳齿轮 S3；A—爪形离合器 A；
S1—太阳齿轮 S1；P1—行星齿轮 P1；R1—环形齿轮 R1；S2—太阳齿轮 S2；P2—行星齿轮 P2；R2—环形齿轮 R2；
D—多层制动器 D；C—多层制动器 C；B—多片式离合器 B；GS1—齿轮组 GS1；
GS2—齿轮组 GS2；GS3—齿轮组 GS3；GS4—齿轮组 GS4

控制软件中编程了以下降挡跳跃换挡（图 4-1-31）。

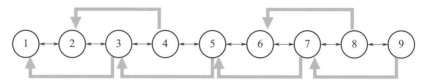

图 **4-1-31** 降挡跳跃换挡

变速器 2 挡功率通量功能的示例如图 4-1-32 和图 4-1-33 所示。

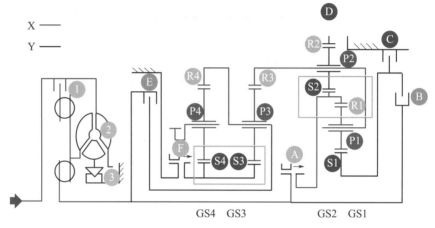

图 **4-1-32** 2 挡功率通量示意

X—旋转；Y—已锁定

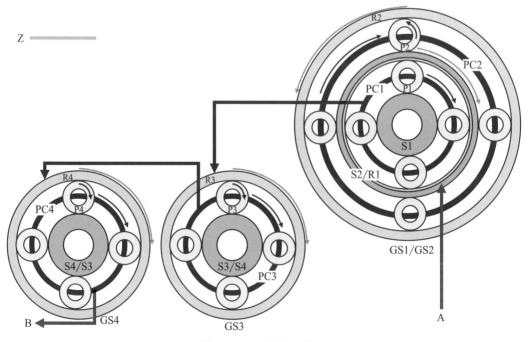

图 **4-1-33** 2 挡功率通量

A—输入；B—输出；PC1—行星架 PC1；PC2—行星架 PC2；PC3—行星架 PC3；PC4—行星架 PC4；Z—锁定操作

以下换挡元件将关闭：

- 多层制动离合器 C；
- 爪形离合器 A；
- 爪形离合器 F。

变速器的输入轴将驱动力提供给太阳齿轮 S2/R1。GS1 中的太阳齿轮 S1 由多层制动离合器 C 锁定，后者由变速器壳体支撑。行星齿轮 P1 与输入轴的旋转方向相同。爪形离合器 A 关闭，从而以具备扭力刚性的方式将太阳齿轮 S2 和齿环 R1 连接到输入轴。因此，该齿轮与输入轴的旋转方向和速度相同。

在齿轮组 GS2 中，行星齿轮 P2 与输入轴的旋转方向相反。齿环 R2 以与输入轴相反的方向自由旋转。行星架 PC1/PC2 与输入轴的旋转方向相同，从而驱动行星齿轮组 GS3 中的齿环 R3。爪形离合器 F 由变速器壳体支撑，在太阳齿轮 S3/S4 锁定时关闭。行星齿轮 P3 和 P4 以与输入轴相同的方向在太阳齿轮 S3/S4 上旋转。行星齿轮 P4 以与输入轴相同的方向驱动行星架 PC4，从而将转矩传输到中央直齿小齿轮。

5. 维修功能

（1）维修驻车释放

维修驻车释放功能是一项机械程序，在车辆断电或自动变速器故障时启用，以防止驻车锁释放（图 4-1-34）。

在驾驶车辆之前，必须遵守驻车释放程序，以释放驻车锁。车辆必须通过电动驻车制动器或车轮楔块予以保持，以防止驻车锁释放时意外移动。可使用变速器壳体顶部的控制杆手动启用 / 禁用维修驻车释放功能。禁用时，控制杆将固定在锁销位置。

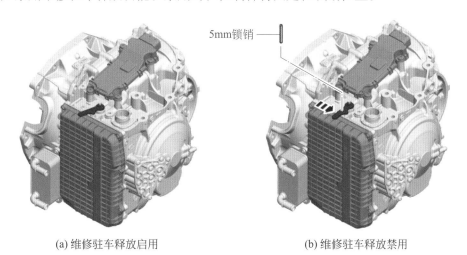

5mm锁销

(a) 维修驻车释放启用　　　　　　　　(b) 维修驻车释放禁用

图 4-1-34　维修驻车释放与启用

（2）保养维修

可对 9 速变速器执行细微的保养维修。以下变速器设备可维修（图 4-1-35）：

❶ 加油口塞、液位塞和放油塞；

❷ 油盘；

❸ 驻车锁杆轴密封件；

❹ 机油冷却器；

❺ 变矩器和密封件；

❻ 阀块总成（包括传感器单元）；

❼ 左侧半轴密封件；

❽ TCM。

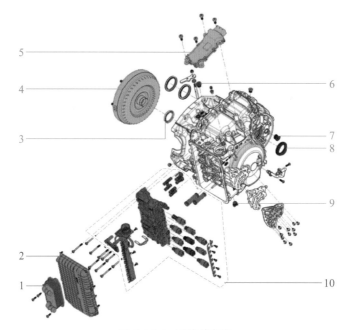

图 4-1-35　可维修部件

1—机油冷却器；2—油盘；3—变矩器密封件；4—变矩器；5—TCM（变速器控制模块）；6—加油口塞；
7—机油位置旋塞；8—左侧半轴密封件；9—放油塞；10—阀块总成（包括传感器单元）

（3）变速器机油保养

变速器机油一次加注终生使用，无须遵照定期的机油更换保养间隔。变速器加油口塞、液位塞和放油塞的位置如图 4-1-36 所示。

执行放油和重新加油程序时，环境温度不得低于 20℃。新的变速器机油必须始终符合规定。执行机油位置检查程序时，应注意以下几个关键事项。

❶ 发动机必须处于运转中。

❷ 检查机油位置时，必须使用厂家认可的诊断设备，监控机油温度是否为 37 ～ 45℃。

❸ 车辆必须位于水平表面上。

❹ 应安装新的密封塞。

检查机油位置时，应检查机油的状况，这是变速器内部情况的一个良好"指示器"。观察机油颜色并闻其气味，如果是新添加的机油，则颜色为绿色。行驶相对较低的里程数时，此颜色会变得非常暗。如果闻到"烧焦味"，则通常意味着变速器存在内部故障。

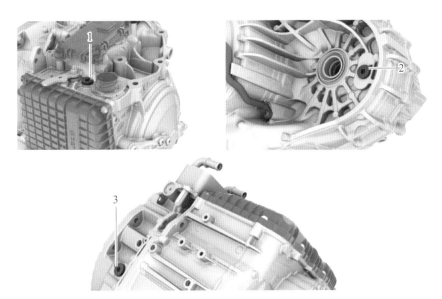

图 4-1-36　变速器加油口塞、液位塞和放油塞的位置

1—加油口塞；2—液位塞；3—放油塞

6. 主动传动系统

（1）概述

主动传动系统（图 4-1-37）的功能简要描述如下。

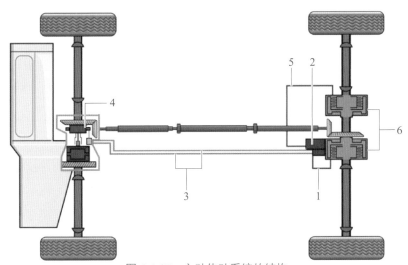

图 4-1-37　主动传动系统的结构

1—液压离合器管路（左侧）；2—阀块；3—PTU 同步器液压供油管和回油管；
4—PTU 同步器；5—液压离合器管路（右侧）；6—RDU 离合器

❶ 当不需要 4WD 时，系统将会自动选择 2WD。

❷ 在 2WD 情况下，所有主要的 PTU 传动系统部件下游将静止。

❸ 需要时，将会在 300ms 内重新连接 4WD。

❹ 静止时会重新连接 4WD，从而在车辆驶离时提供更大的牵引力。

图 4-1-38　PTU（动力传递单元）

❺ 在正常驾驶情况下，当速度为 35km/h 时，该系统会断开。

❻ 可在低附着力情况下提供更大的牵引能力。

❼ RDU 双离合器可提供十字轴锁定功能。

❽ 该系统将以最大牵引力将转矩传递至后车轮。

（2）PTU（动力传递单元）

PTU（图 4-1-38）包含一个主壳体、左侧和右侧护盖以及一个小齿轮轴壳体。主壳体内的主要部件为冠状齿轮传动齿轮、小齿轮、输入轴、三锥同步器和液压活塞（图 4-1-39）。

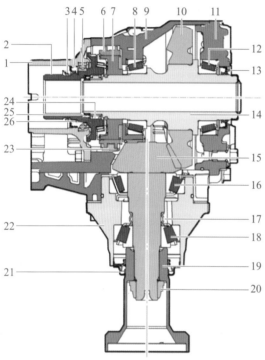

图 4-1-39　PTU 组成及结构

1—左侧护盖；2—输入轴；3—V 形密封件；4,21,25—油封；5—轴承；6—同步器套筒；7—同步芯毂；8,12,16,18—颈斜度滚子轴承；9—壳体；10—冠状齿轮传动齿轮；11—右侧护盖；13—三唇油封；14—冠状齿轮轴；15—小齿轮；17—可折叠的隔离片；19—驱动法兰；20—预载螺母；22—小齿轮轴壳体；23—同步器换挡叉；24—滚针轴承；26—弹性挡圈

图 4-1-40　同步器总成

1—同步器总成；2—活塞；3—锁止器

　　PTU 具有液压操作的同步器，它允许从冠状齿轮传动轴完全断开来自变速器差速器的驱动力，让车辆仅在条件允许时以 2WD 进行运行。此功能可减少摩擦损失，从而提高性能和经济性（图 4-1-40）。

　　三锥同步器（图 4-1-41）有三个摩擦接口，中间锥的内外表面以及内侧锥的内表面均具有摩擦材料，这些同轴表面附带内侧和外侧同步齿环。

　　同步器可用作制动器，它们可制动或加速部件，使输入轴与冠状齿轮轴的旋转速度相匹配，以让同步器啮合。同步过程将从换挡杆套筒开始，换挡叉会使其朝着输入轴上的啮合环移动。换挡杆轮毂与啮合环之间存在速度差，换挡杆套筒将被阻断环挡住。同步器锥体将产生摩擦转矩，使冠状齿轮轴的旋转速度与输入轴的转速相匹配。当这两个轴的速度保持同步时，可以进一步移动换挡杆套筒并将其啮合至输入轴上的啮合环内，从而为冠状齿轮轴提供强制驱动。

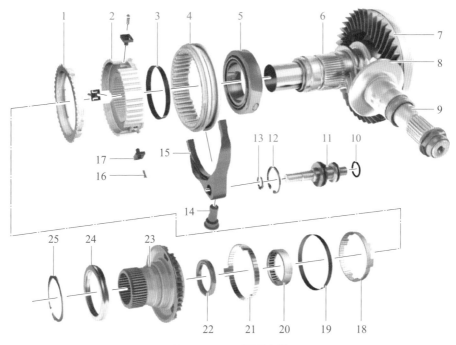

图 4-1-41　三锥同步器

1—阻断环；2—轮毂；3—内侧同步齿环；4—换挡杆套筒；5—轴承；6—冠状齿轮轴；7—冠状齿轮传动齿轮；
8—小齿轮传动齿轮；9—小齿轮轴；10—密封；11—活塞；12,13,25—弹性挡圈；14—棘爪；
15—挡位选择器拨叉；16—棘爪弹簧和球头（3个）；17—棘爪壳体（3个）；18—内部锥体；
19—外侧同步齿环；20—滚针轴承；21—中间锥体；22—油封；23—输入轴；24—滚珠轴承

同步器由 PTU 壳体孔内的双作用活塞操作。来自 RDU 阀块的液压管路为活塞提供液压压力。压力管路连接至标有 P3 和 P4 的 PTU 壳体中的钻孔，后者与 RDU 阀块上的相同标记相对应。连接 P3 提供用于啮合同步器的压力，而 P4 则提供用于分离同步器的压力。

活塞通过两个密封件密封在孔内，并用弹性挡圈固定。活塞上的延伸部分位于换挡拨叉内，并用弹性挡圈固定。弹簧棘爪球头安装在壳体内。弹簧棘爪球头可牢固地将换挡拨叉固定在所需位置，除非施加液压压力以使其向相反方向移动。

（3）RDU（后驱动单元）（图4-1-42）

RDU 包括主壳体、中间壳体和左右两侧护盖。主壳体内具有冠状齿轮和小齿轮传动齿轮、两个湿式多片式离合器组件和两个液压控制的活塞（图 4-1-43）。

阀块（包括四个电磁阀控制的压力控制阀）、电动液压泵和 AWDCM（全轮驱动控制模块）全部从外部安装在壳体上。

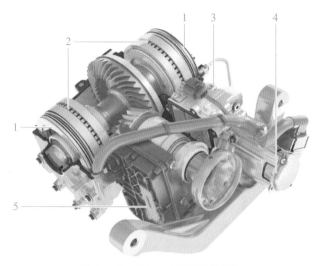

图 4-1-42　RDU（后驱动单元）

1—活塞壳体；2—湿式片式离合器总成；3—液压阀块；4—液压泵；5—AWDCM（全轮驱动控制模块）

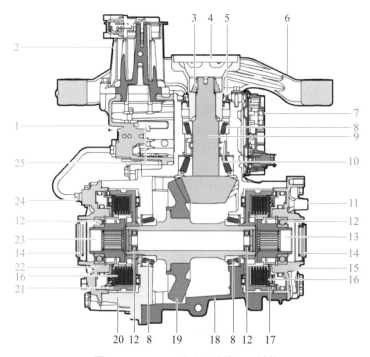

图 4-1-43　RDU（后驱动单元）结构

1—阀块；2—RDU 泵；3—预载螺母；4—驱动法兰；5,14—油封；6—安装支架；7—AWDCM（全轮驱动控制模块）；
8—颈斜度滚子轴承；9—小齿轮轴和传动齿轮；10—可折叠的隔离片；11—右侧离合器压力连接 P1；
12—滚珠轴承；13—右侧内部传动盘托架；15—右侧护盖；16—离合器套件；17—外部传动盘托架；
18—壳体；19—冠状齿轮轴和传动齿轮；20—中间壳体；21—左侧外部传动盘托架；22—左侧护盖；
23—左侧内部传动盘托；24—左侧离合器压力连接 P2；25—液压油储液罐

　　离合器总成包括一个位于冠状齿轮传动轴花键上的外侧传动盘托架、一个位于护盖滚珠轴承内的内侧传动盘托架、六个内部金属圆盘、六个外部摩擦盘和一个活塞。

　　外部传动盘托架有一个花键孔，它位于冠状齿轮传动轴上。托架内表面上的机加工齿为外部摩擦盘提供了确定的位置。

内部传动盘托架位于外部传动盘托架内，并在护盖中的滚珠轴承上得到支撑。外部机加工齿为内部圆盘提供了确定的位置。内部传动盘托架中的内孔为花键孔，用于承载半轴。

带有两个密封件的活塞安装在护盖中的机加工孔内。向活塞施加液压可以同时锁定内部和外部离合器盘。活塞与压力盘之间有一个滚针轴承，它可使活塞在离合器盘及托架旋转时保持静止。

当 PTU 同步器啮合时，外部传动盘托架由冠状齿轮轴上的花键永久传动。向活塞施加压力时，将会压缩内部和外部传动盘，从而同时锁定内部和外部托架，使来自冠状齿轮轴的驱动力能够通过内部传动盘托架传输至半轴（图 4-1-44）。

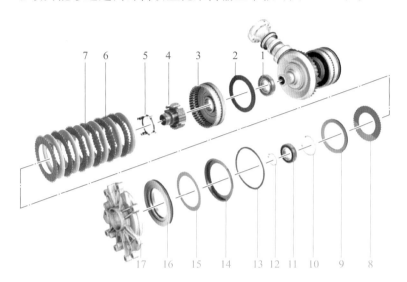

图 4-1-44　RDU（后驱动单元）分解图

1—颈斜度滚子轴承；2—滚子轴承；3—外部传动盘托架；4—内部传动盘托架；5—镶嵌；6—外部摩擦盘；7—内部圆盘；8—压力盘；9—滚子轴承；10,12—弹性挡圈；11—滚珠轴承；13—弹簧垫圈；14—环；15—间隙调整环；16—活塞；17—左侧护盖

（4）阀块、泵和执行器

❶ 安装位置（图 4-1-45）。

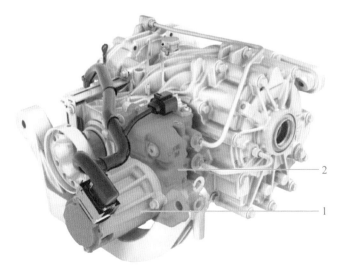

图 4-1-45　安装位置
1—泵和执行器；2—阀块

❷ 阀块（图4-1-46）。阀块主体和壳体内的铸件空隙形成了液压油储液罐。液压油加注塞和排放塞位于阀主体的顶部和底部。

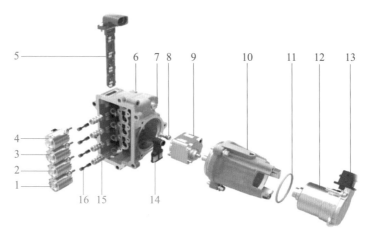

图4-1-46　阀块

1—电磁阀P4；2—电磁阀P3；3—电磁阀P2；4—电磁阀P1；5—电接触元件；6—节气门体；7—加油口塞；8—压力适配器；9—泵；10—泵壳体；11—密封；12—电动执行器；13—电子连接器；14—吸入滤清器；15—阀芯套筒（4个）；16—阀芯（4个）

四个机加工孔内包含由PCV（压力控制阀）P1、P2、P3和P4控制的阀芯套筒及滑阀。PCV控制以下功能：

a. P1——右侧RDU离合器。

b. P2——左侧RDU离合器。

c. P3——PTU同步器活塞 - 啮合同步器。

d. P4——PTU同步器 - 分离同步器。

🔧 注意

阀块总成内使用的液压油完全独立于RDU润滑油。

电磁阀（图4-1-47）由AWDCM通过PWM（脉宽调制）信号控制，进而提供测得的滑阀工作情况，从而能够提供RDU离合器和PTU同步器操作所需的液压。

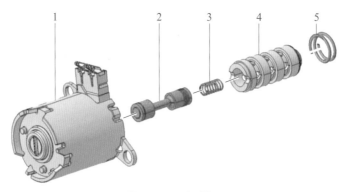

图4-1-47　电磁阀

1—控制电磁阀；2—阀芯；3—弹簧；4—阀芯套筒；5—套筒弹簧

（5）泵和执行器（图4-1-48）

泵传动轴与执行器输出轴啮合。泵输出端口与阀体内的压力适配器相连。来自泵的压力将流经压力适配器，进入阀体中的钻孔内，以提供给四个滑阀。

旋转齿轮泵的流速为每转 $1cm^3$，最大输出压力为 42bar。进油口上安装了一个吸油过滤器，位于阀块内的机油储液罐底部。电动执行器是一个具有固定定子和永磁转子的无刷 DC（直流）电机。该装置的最大旋转速度为 5000r/min，最大转矩输出为 0.9N·m，最大电流消耗为 30A。

AWDCM 提供 AC（交流）PWM 输出，从而使执行器以正确的方向和速度工作。执行器输出取决于从其他系统模块接收到的输入。执行器内的三个霍尔传感器向 AWDCM 提供位置和旋转速度反馈信号。

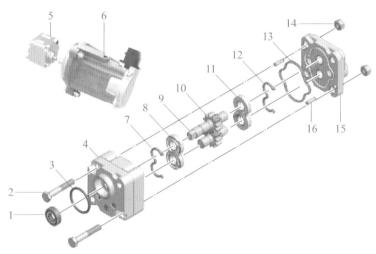

图 4-1-48　泵和执行器

1—油封；2—螺钉（2个）；3—密封；4—泵本体；5—RDU 泵；6—电动执行器；7—补偿密封；8—补偿板；
9—传动齿轮输入轴；10—传动齿轮和从动齿轮；11—补偿板；12—补偿密封；
13—密封；14—螺母（2个）；15—泵盖；16—定位销（2个）

（6）AWDCM（全轮驱动控制模块）（图4-1-49）

AWDCM 连接至 CAN 动力总成系统和底盘总线，从而能够与其他系统模块进行通信。

控制模块使用接收到的信号输入和预先编程的数据来确定"连接/断开"状态以及连接速度，从而实现最大操控和动态响应功能以及最优的燃油经济性。该模块输出信号以操作 RDU 泵执行器和压力控制电磁阀，它们反过来控制 RDU 离合器总成和 PTU 同步器的液压操作。

模块软件可监控传输至泵执行器和控制电磁阀的信号，检查是否短路和断路，监控电流消耗并检查是否存在不正确的信号。该系统通过监测液压并与预期的系统响应比较来检测是否存在泄

图 4-1-49　AWDCM（全轮驱动控制模块）

漏、阻塞和故障。

通过执行器泵旋转速度计算得出的液压利用来自执行器霍尔传感器的反馈和泵的电流消耗来测量。如果在给定情况下电机的旋转速度高于预期，则会检测到机油压力过低；如果电机转速过低且电流消耗过高，则会检测到液压过高或阻塞。如果液压系统的加压速度快于或慢于预期，则会检测到控制电磁阀故障。如果滑阀无法打开，则会通过监控泵执行器检测到液压过低。如果出现故障，则系统仅以 2WD 工作，且 IC 信息中心会显示警告信息。

7. 主动传动系统操作和控制

（1）概述

AWDCM 处理来自泵执行器霍尔传感器的信号以及进行其他车辆系统的数据交换。AWDCM 使用接收到的信号输入和预先编程设置的数据来计算"连接 / 断开"状态以及连接速度。该模块向泵执行器和阀块控制阀输出硬接线信号，以便控制 RDU 和 PTU 的功能。该模块可评估接收到的输入，进而预测何时需要 4WD。用于评估的典型输入包括加速器踏板位置、发动机转矩请求、转向角 / 速度和横向加速度。

从几个输入信号（包括车轮转速、DSC 活动和偏航信号）检测到失去牵引力。根据对输入信号的评估结果，控制模块将连接主动传动控制系统（图 4-1-50）。

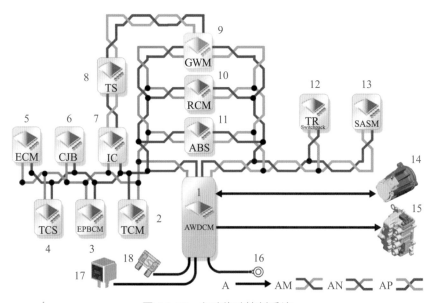

图 4-1-50　主动传动控制系统

1—AWDCM（全轮驱动控制模块）；2—TCM（变速器控制模块）；3—EPBCM（电动驻车制动控制模块）；4—TCS（变速器控制开关）；5—ECM（发动机控制模块；6—中央接线盒（CJB）；7—IC（仪表盘）；8—TS（触摸屏）；9—GWM（网关模块）；10—RCM（约束控制模块）；11—ABS（防抱死制动系统）控制模块；12—TR（全地形反馈适应）开关组；13—SASM（转向角传感器模块）；14—泵执行器；15—阀块；16—接地；17—熔丝（来自点火继电器的点火电源）；18—熔丝（永久性蓄电池电源）；A—硬接线；AN—高速 CAN 动力总成系统；AM—高速 CAN 底盘；AP—中速 CAN 舒适功能

（2）PTU-三锥同步器操作

PTU 输入半轴由变速器差速器直接驱动。当液压控制的三锥同步器位于分离位置时

［图 4-1-51（a）］，冠状齿轮轴和冠状齿轮将与输入轴断开，并且无驱动力传输至传动轴或 RDU。

当三锥同步器结合时［图 4-1-51（b）］，驱动力将通过同步器从变速器差速器传输至冠状齿轮轴。冠状齿轮将旋转并呈 90°向小齿轮和传动法兰传递驱动力，以旋转传动轴。

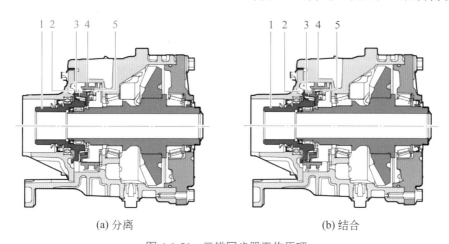

(a) 分离　　　　　　　　　　　　　　(b) 结合

图 4-1-51　三锥同步器工作原理

1—输入轴；2—输入轴啮合环；3—阻断环；4—同步器套筒；5—同步器棘爪（3 个）

同步器由液压活塞通过来自液压供油管的 RDU 泵的压力控制，该供油管将 PTU 连接至阀块。阀块中电磁阀操作的滑阀会将液压引导至 PTU 壳体中的活塞，以啮合或分离三锥同步器。弹簧棘爪将同步器换挡拨叉锁定在任一位置，无须保持液压即可使同步器活塞保持在所需位置。同步器进程包含从分离到完全啮合的多个步骤。

❶ 当变速器差速器旋转输入轴时，与输入轴集成的啮合环也会旋转。当同步器分离时，将不会向冠状齿轮轴和冠状齿轮驱动齿轮传递驱动力，小齿轮驱动齿轮和传动法兰将保持静止。

❷ 当需要啮合时，将向活塞施加液压压力，同步器换挡拨叉将开始沿啮合方向移动同步器套筒。换挡拨叉将沿轴向方向移动同步器套筒，同步器棘爪将与阻断环接触。此时将开始使阻断环齿与同步器套筒上的齿对齐。

❸ 当同步器换挡拨叉继续沿轴向方向移动时，由同步器套筒和阻断环之间的棘爪产生的摩擦将降低两部件的速度，直到它们以相同的速度旋转。同步器套筒的齿开始与阻断环上的齿相啮合。

❹ 当阻断环与同步器套筒以相同速度旋转时，套筒将与阻断环齿完全啮合。但是，输入轴啮合环与同步器套筒之间仍存在速度差异。当输入轴同步器套筒与阻断环之间的摩擦面（锥体）开始啮合时，此速度差异将减小。

❺ 同步器换挡拨叉将沿轴向方向移动同步器套筒，以便与输入轴啮合环的齿相接触。这两个部件的锥形齿将开始啮合，并且同步器套筒旋转速度将提高，因为它开始与啮合环啮合。

❻ 当同步器套筒与输入轴啮合环完全啮合时，输入轴与冠状齿轮轴的旋转速度将相同，并且将通过冠状和小齿轮传动齿轮向传动法兰传递驱动力。

❼ 分离过程与啮合过程相反。当同步器换挡拨叉移动同步器套筒并使其与啮合套

筒和阻断环完全分离时，它将接触到壳体。壳体与同步器套筒之间的摩擦将制动冠状齿轮轴和传动齿轮、小齿轮传动齿轮以及传动法兰，以防止部件之间的机油拖滞造成旋转。

来自阀块的两个液压管路为每一侧的同步器活塞提供液压压力，以啮合或分离同步器。一旦活塞处于啮合或分离位置，则无须液压压力即可使其保持在此位置（图 4-1-52）。

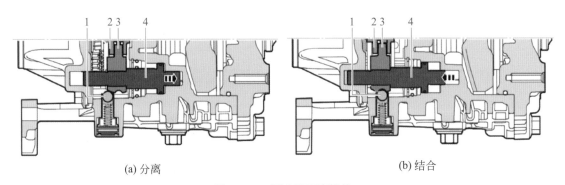

(a) 分离   (b) 结合

图 4-1-52　同步器活塞操作

1—棘爪；2—同步器套筒；3—同步器换挡拨叉；4—活塞

（3）RDU 润滑（图 4-1-53）

RDU 中的轴承和离合器组件由"飞溅式"润滑系统进行润滑。如果机油位置正确，则部分冠状齿轮传动齿轮将浸入机油中。随着传动齿轮旋转，传动齿轮齿将携带机油，并以油雾形式飞溅到 RDU 壳体的顶部。机油将收集在传动齿轮上方的级联流道中，随后可通过壳体中的通道流入左侧和右侧护盖。

护盖中的流道允许机油向下流到内部传动盘托架，以润滑滚珠轴承。机油将流经轴承，到达左侧和右侧离合器组件。离心力迫使机油流经离合器组件，以润滑和冷却盘片，并回流到级联流道的通道中，以通过护盖流道（辅助润滑回路）实现再循环并进入 RDU 壳体的底部。

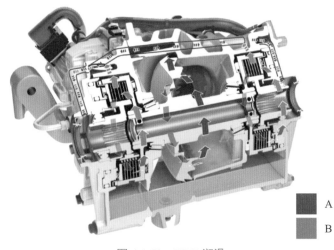

A

B

图 4-1-53　RDU 润滑

A—主要润滑回路；B—辅助润滑回路

（4）液压控制回路（图4-1-54）

两个单独的湿式多片式 RDU 离合器由来自 RDU 泵的液压控制，并通过阀块中的两个压力控制（电磁阀控制）滑阀供应给一个或两个离合器。

AWDCM 将向对离合器组件进行压缩的活塞施加液压压力。并可调整施加的压力，从而能够控制离合器打滑。该模块单独控制各个离合器。

来自阀块的两个液压管路为每一侧的同步器活塞提供液压压力，以啮合或分离同步器。PTU 同步器由液压活塞通过来自液压供油管的 RDU 泵的压力控制，该供油管将 PTU 连接至阀块。阀块中的压力控制阀将液压引导至同步器活塞的两侧，从而啮合或分离同步器。

活塞上有两个小孔，使得系统能够自动排放。滞留的空气从活塞的一侧流经小孔至活塞的另一侧，从而使活塞的低压侧起到回流管的作用。

压力控制阀用于以电子方式减少提供给 PTU 同步器和 RDU 离合器的压力，从而实现准确的液压控制。

当电磁线圈断电时，压力控制阀将由弹簧力关闭，并且不会为同步器或离合器提供任何压力。系统中残留的任何机油压力都会释放回阀块机油储液罐。

当为电磁线圈通电时，压力控制阀滑阀开始移动，从而将来自泵的压力进口管与同步器或离合器相连。施加的压力由泵输出和应用到电磁线圈的电流进行控制。液压与线圈电流成线性关系，电流升高，压力增加；电流降低，压力减少。当线圈电流达到其最大值时，将会应用全部压力。

AWDCM 同时控制各电磁阀，从而对同步器和 RDU 离合器的操作提供绝对控制。

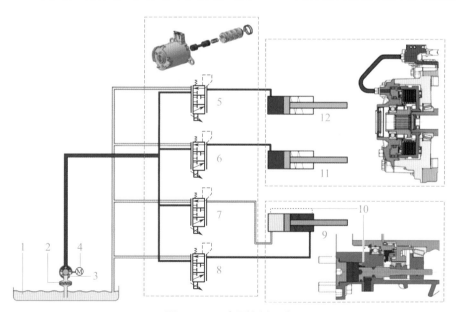

图 4-1-54　液压控制回路

1—储罐；2—吸入滤清器；3—RDU 泵；4—电子执行器（电机）；5—PCV（压力控制阀）P1；6—PCV P2；7—PCV P3；8—PCV P4；9—PTU 同步器活塞；10—排气孔；11—左侧 RDU 离合器活塞；12—右侧 RDU 离合器活塞

（5）主动转矩偏置（图4-1-55）

RDU 离合器完全或部分地单独作用在各传动轴上，实现主动转矩偏置。AWDCM 根据加速度、偏航、转向过度和转向不足输入信号来确定各传动轴所需的离合器转矩。通过该功能能够锁定 RDU，从而以相似的方式执行防滑差速器功能。

转矩偏置使用 RDU 和车辆 DSC 系统来持续平衡转向时四个车轮之间的发动机转矩的分配，从而提高抓持力和转向，并减小转向过度 / 转向不足。

例如，如果车辆在转弯时加速，系统将使用偏航传感器来检测转向不足情况，从而提高发动机转矩并稍微提高制动水平，以此纠正车辆姿态。发动机转矩将传输至外侧车轮，以获得更大的附着力，从而维持牵引和转向控制。

在越野情况下，转矩偏置将启用。每个全地形反馈适应模式都具有不同的扭转偏置参数，从而使车辆适应不同的路面 / 赛道以及各种状况。

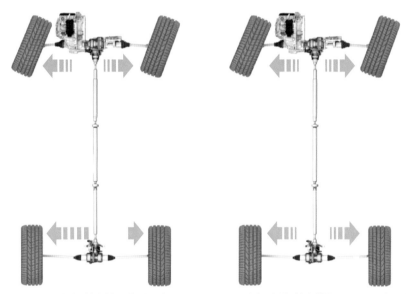

(a) 踩下加速器踏板(转矩偏置到左后 (b) 释放加速器踏板(增加应用到两个后车
外部车轮，从而减少转向不足) 轮的锁定转矩，从而减少转向过度)

图 4-1-55　主动转矩偏置

8. 主动传动系统维修功能

（1）保养维修

可对主动传动系统执行细微的保养维修（图 4-1-56）。

RDU 保养项目：

❶ RDU；

❷ 加油口塞、液位塞和放油塞；

❸ AWDCM；

❹ 阀块总成；

❺ 执行器和泵总成；

❻ 小齿轮油封；

❼ 半轴油封。

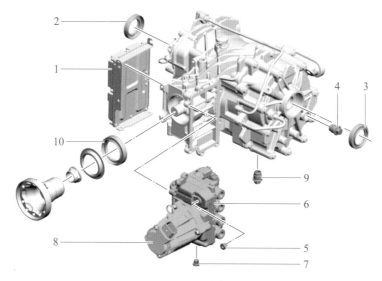

图 **4-1-56** 可维修零件

1—AWDCM；2—左侧油封；3—右侧油封；4—RDU 加油口塞；5—阀块加油口塞；6—阀块；
7—阀块放油塞；8—泵和执行器；9—RDU 放油塞；10—小齿轮油封

PTU 保养项目（图 4-1-57）：

❶ PTU；

❷ 加油口塞、液位塞和放油塞；

❸ 左侧和右侧油封；

❹ V 形密封件；

❺ 小齿轮油封。

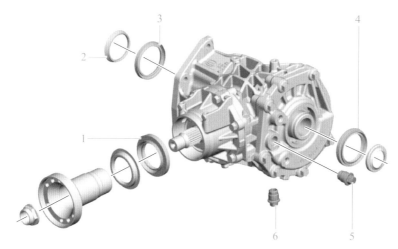

图 **4-1-57** 保养项目

1—小齿轮油封；2—V 形密封件；3—左侧油封；4—右侧油封；5—PTU 加油口塞；6—PTU 放油塞

（2）液压系统维护（图4-1-58）

对主动传动系统执行任何维护之前，都需要断开 RDU 阀块的液压管路，并且必须关闭接头 P3/P4（PTU 液压接头）上的两个溢流阀。实现方式是将两个销（靠近液压管路接头）手动推至阀块，以关闭液压连接孔。此操作可避免液压油流出阀块。

重新连接液压系统之后，必须使用指定诊断设备执行排放程序。成功完成排放程序之后，在排放过程中溢流阀将会由液压自动打开。要检查是否成功完成排放程序，请目视检查溢流阀销是否从阀块被推回。

图 4-1-58　液压系统维护

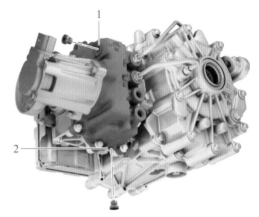

图 4-1-59　液压系统（加注和排放）

1—加油口；2—放油口

（3）液压系统（加注和排放）（图 4-1-59）

对主动传动系统执行任何维护（包括打开液压系统）之后，必须执行系统重新加注和排放程序。

❶ 拆下阀块加油口塞并用推荐的液压油进行加注。

❷ 将指定诊断设备连接至车辆，并启动系统排放应用程序。

❸ 完成排放程序之后，检查溢流阀销是否打开。

❹ 拆下阀块放油塞并排放阀块油底壳的液压油。

❺ 将阀块重新加注，测得的正确液压油量为（330 ± 10）mL。

> **注意**
>
> 如果溢流阀在系统排放完成之后未打开，则重复排放程序。

第二节　CVT 变速箱

1. CVT 变速箱概述与原理

（1）概述

Multitronic 代表奥迪公司推出的自动变速箱，通常称其为 CVT 变速箱。

变速箱用于匹配汽车与内燃机的转矩特性，一般来说，多挡变速器结构用于手动变速箱、自动手动一体式变速箱和多挡自动变速箱变速机构。多挡变速机构通常兼顾动力性、燃油经济性和驾驶舒适性。内燃机的转矩传递不是间歇的，而是连续的，因此，变化的变速比总是理想的发动机功率利用方式。

目前市场上的 CVT 理论都是在"链式传动理论"基础上发展起来的，但因其动力能力传递有限，只适用于超小型汽车和小功率发动机的中低档汽车。测试结果表明，这些 CVT 理论仍以行驶性能为主。

奥迪公司之所以在其 CVT 自动变速箱上仍采用带 / 链传动理论，是因为到目前为止，它是最先进的传动模式。奥迪公司的目标是生产一种适合于高档汽车的高效率 CVT 自动变速箱，并且制定一个在行驶性能和动力性及舒适性方面的新标准（图 4-2-1）。

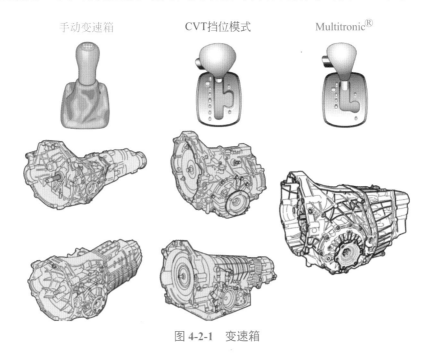

图 4-2-1　变速箱

Multitronic 的关键部件是变速器，可允许变速比在最小变速比和最大变速比之间无级调节。Multitronic 始终可提供一个合适的变速比，发动机总是工作在最佳转速范围内，而不必考虑如何使动力性或燃油经济性最优化。

（2）基本原理

变速器由两个带锥面的盘组［主链轮装置（链轮装置 1）和副链轮装置（链轮装置 2）］以及工作于两个锥形链轮组之间 V 形槽内的专用传动链组成。传动链式动力传递装置如图 4-2-2 和图 4-2-3 所示。

链轮装置 1 由发动机通过辅助减速挡齿轮驱动，发动机转矩通过传动链传递到链轮装置 2 并由此传给主减速器。每组链轮装置中的一个链轮可沿轴向移动，以调整传动链的跨度尺寸和改变传动比。每组链轮装置必须同时进行调整，保证传动链始终处于张紧状态和有足够的盘接触传动压力。

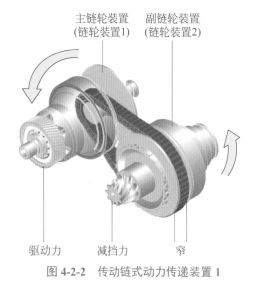

主链轮装置
(链轮装置1)

副链轮装置
(链轮装置2)

驱动力　　减挡力　　窄

图 4-2-2　传动链式动力传递装置 1

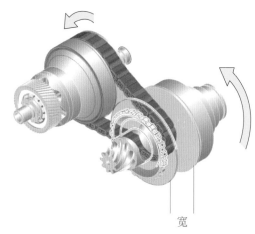

宽

图 4-2-3　传动链式动力传递装置 2

（3）变速箱工作原理（图4-2-4）

　　根据发动机输出功率，发动机转矩通过飞轮减振装置或双质量飞轮传递给变速箱。前进挡和倒挡各有一"湿式"刚片离合器，两者均为启动离合器。倒挡旋转方向通过行星齿轮系统改变。发动机转矩通过辅助减速齿轮挡传递到变速器，并由此传到主减速器。电子液压控制单元和变速箱控制单元集成为一体，位于变速箱壳体内。

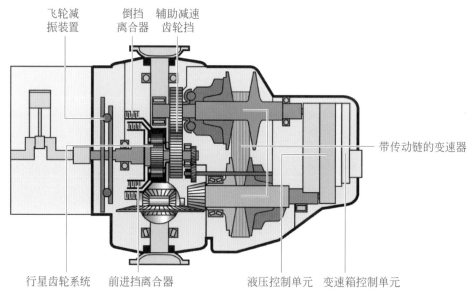

飞轮减
振装置

倒挡
离合器

辅助减速
齿轮挡

带传动链的变速器

行星齿轮系统　　前进挡离合器　　液压控制单元　　变速箱控制单元

图 4-2-4　变速箱工作原理

2. 变速箱组件

（1）飞轮减振装置

　　往复式内燃机中，不均匀的燃烧会引起曲轴扭振。扭振被传递到变速箱，会引起共振、产生噪声，变速飞轮减振装置和双质量飞轮可减缓扭振并保证变速箱无噪声运转。发动机转矩通过飞轮减振装置传递到变速箱。4缸发动机运转不及6缸发动机平稳，因此4缸发动机使用双质量飞轮。

飞轮如图4-2-5所示。变速箱剖视图如图4-2-6所示。

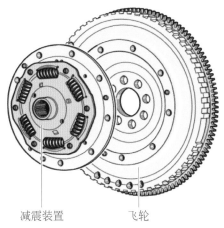

减震装置　　　　飞轮

图 4-2-5　飞轮

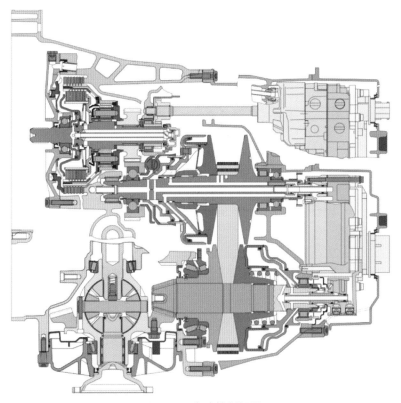

图 4-2-6　变速箱剖视图

壳体、螺钉、螺栓；　　液压部分/控制机构；　　变速箱电子控制部分；
轴、齿轮；　　钢片离合器；　　活塞，转矩传感器；
轴承，垫片，弹性挡圈；　　塑料件、密封件、橡胶件

（2）前进挡离合器/倒挡离合器及行星齿轮装置（图4-2-7）

❶ 概述。与多级自动变速箱使用变矩器传递转矩不同，奥迪CVT设计原理中，前进挡和倒挡采用不同的离合器。这些离合器称为"湿式钢片离合器"，在多挡自动变速箱中用于实现换挡功能。在Moltitronic变速箱中，"湿式钢片离合器"用于起步和将转矩传递给辅助减速齿轮挡。起步和转矩传递过程中由电子-液压单元监控和调整。

电子-液压单元控制钢片离合器与变矩器相比有如下优点。

a. 重量轻。

b. 安装空间小。

c. 使启动特性适应驾驶状态。

d. 使爬坡转矩适应驾驶状态。

e. 在过载或非正常使用的情况下具有保护功能。

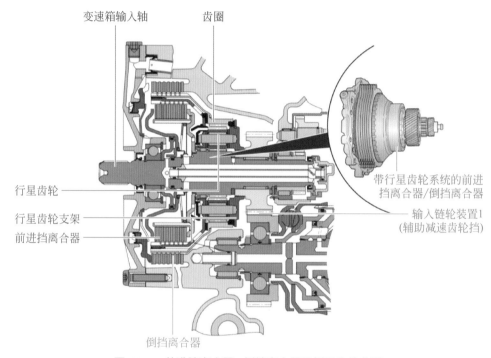

图4-2-7　前进挡离合器/倒挡离合器及行星齿轮装置

❷ 行星齿轮系统（图4-2-8）。行星齿轮架被制造成行星反向齿轮装置，唯一的功能是倒挡时改变变速箱输出轴旋转方向。倒挡时，行星齿轮系统的变速比为1∶1。太阳轮（输入）与变速箱输入轴和前进挡离合器钢片相连接。行星齿轮支架（输出）与辅助变速齿轮挡主动齿轮和倒挡离合器钢片相连接。齿圈与行星齿轮和倒挡离合器钢片相连接。

❸ 行星齿轮系统传动路径（图4-2-9）。转矩通过与输入轴相连接的太阳轮传递到行星齿轮架并且驱动行星齿轮1。行星齿轮1驱动行星齿轮2，行星齿轮2与齿圈啮合。车辆尚未行驶时，作为辅助减速挡输入部分的行星齿轮架（行星齿轮系统输出部分）是静止的。齿圈以发动机转速一半的速率怠速运转，旋转方向与发动机相同。

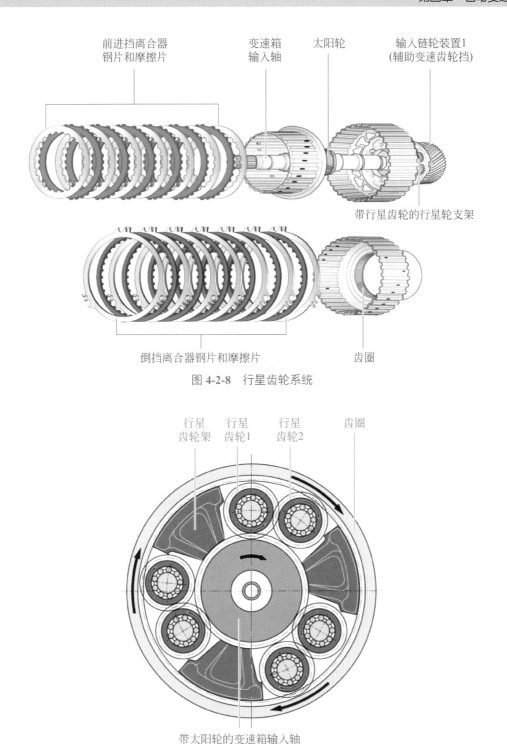

前进挡离合器
钢片和摩擦片

变速箱
输入轴

太阳轮

输入链轮装置1
(辅助变速齿轮挡)

带行星齿轮的行星轮支架

倒挡离合器钢片和摩擦片

齿圈

图 4-2-8　行星齿轮系统

行星
齿轮架

行星
齿轮1

行星
齿轮2

齿圈

带太阳轮的变速箱输入轴

图 4-2-9　行星齿轮系统传动路径

❹ 车辆前进时的传动路径（图 4-2-10）。前进挡离合器钢片与太阳轮连接，摩擦片与行星齿轮架相连接。当前进挡离合器动作（啮合）时，变速箱输入轴与行星齿轮架（输出）连接，行星齿轮系统被锁死，并与发动机旋转方向相同，转矩传动率为 1∶1。

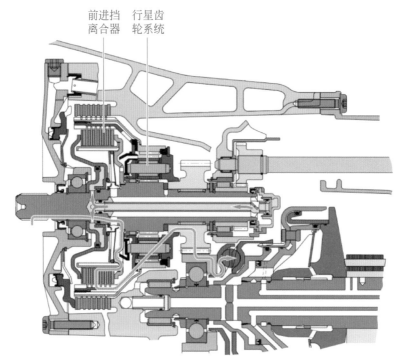

前进挡　行星齿
离合器　轮系统

图 4-2-10　车辆前进时的传动路径

▬▬▬ 离合器油压；　▬▬▬ 转矩传递

❺ 倒挡时传动路径（图 4-2-11）。

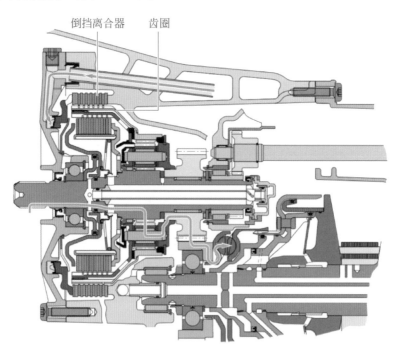

倒挡离合器　齿圈

图 4-2-11　倒挡时传动路径

▬▬▬ 离合器油压；　▬▬▬ 转矩传递

倒挡离合器摩擦片与齿圈相连接，钢片与变速箱壳体相连接。当倒挡离合器动作（啮合）时，齿圈被固定，启动时，齿圈与壳体固定在一起不能转动。

转矩被传递到行星齿轮架，行星齿轮架开始以与发动机相反的方向运转，车辆向后行驶。

> **注意**
>
> a. 倒车时，车速由电子装置限制；
> b. 变速器保持启动时的变速比。

（3）离合器控制

❶ 启动过程。启动过程中，发动机转速主要用于控制离合器，根据启动特性，变速箱控制单元识别出，发动机标定转速，并通过离合器转矩功能调整发动机转速。

驾驶员输入信号和变速箱控制单元内部要求是决定启动特性的参数。经济驾驶模式下，例如起步时加速踏板踏下的角度很小，发动机怠速运转到起步转速的变化在低转速下完成。离合器打滑时间短，发动机转速低，使燃油经济性很高。运动模式下，发动机怠速转速到起步转速的变化在高转速下完成，高发动机转矩相应产生高汽车加速性。

发动机不同（汽油／柴油），转矩和转矩曲线的起步特性也不同。

❷ 电子控制部分。下列参数用于离合器控制。

a. 发动机转速。

b. 变速箱输入转速。

c. 加速踏板位置。

d. 发动机转矩。

e. 制动力。

f. 变速箱油温。

变速箱控制单元通过以上参数计算出离合器额定压力，并且确定压力调节阀 N215 的控制电流。因此，离合器压力和离合器传递的发动机转矩也相应随控制电流变化而变化。

液压传感器 G193 检测液压控制部分中的离合器压力（实际离合器压力），实际离合器压力与变速箱控制单元计算的额定压力不断进行比较（图 4-2-12）。实际压力与额定压力通过模糊理论被持续监控。若两者差值超过一定范围，便会进行修正。为防止过热，离合器被冷却，离合器温度由变速箱控制单元监控。

❸ 液压控制部分。离合器压力与发动机转矩成正比，与系统压力无关。压力调整阀 N215 和输导压力阀（VSTV）提供一个约为 5bar 的常压。根据变速箱控制单元计算的控电流值，N215 产生一个控制压力，该压

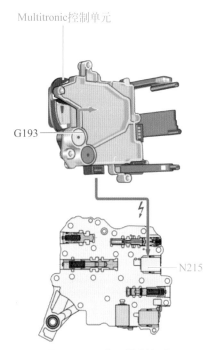

图 4-2-12　电子控制部分

力控制离合器控制阀（KSV）位置。

❹ 控制电流大控制压力高（图 4-2-13）。离合器控制阀（KSV）控制离合器压力，同时也调整待传递的发动机转矩。

离合器控制阀（KSV）的压力由系统压力提供，KSV 根据 N215 的触发信号产生离合器控制压力。高控制压力产生高离合器压力。

离合器压力通过安全阀（SIV）传到手动换挡阀（HS），手动换挡阀将转矩传到前进挡离合器（位置 D）或传递到倒挡离合器（位置 R）。

换挡杆位置位于 N 和 P 时，手动换挡阀切断供油，两组离合器都与油底壳相通。

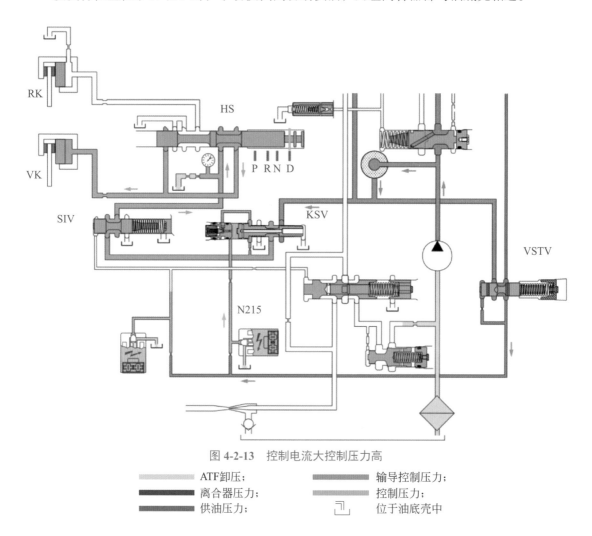

图 4-2-13　控制电流大控制压力高

ATF 卸压；		输导控制压力；	
离合器压力；		控制压力；	
供油压力；		位于油底壳中	

❺ 安全切断。若实际离合器压力明显高于离合器额定压力，则会进入安全紧急故障状态。此情况下，无论手动换挡阀处于何位置以及系统状态如何，离合器压力都要卸掉（图 4-2-14）。

安全切断由安全控制阀（SIV）来实现，确保离合器快速分离。

SIV 由电磁阀 N88 激活。当控制压力上升到 4bar 时，到离合器控制阀（KSV）的供油被切断，油底壳与手动换挡阀连接通道打开。

❻ 过载保护。利用模型计算，变速箱控制单元计算出离合器打滑温度、待传递的发动机转矩以及变速箱油温。若测得的离合器温度因离合器过载而超出标定界限，发动机转矩将减小。

发动机转矩被减小到怠速转速上限时，短时间内，发动机对加速踏板信号可能无反应，离合器冷却系统确保短时间内降温，此后又迅速重新提供发动机最大转矩。离合器过载几乎是不可能的。

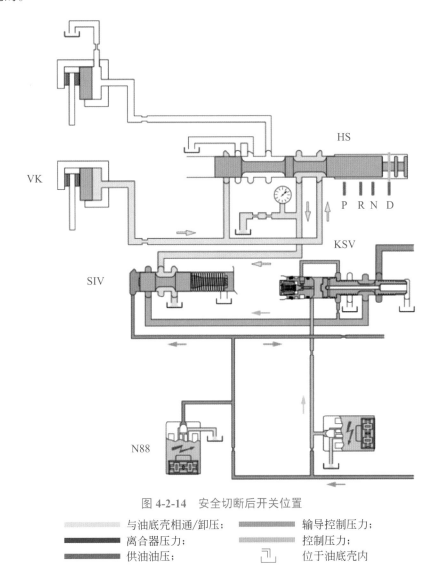

图 4-2-14　安全切断后开关位置

与油底壳相通/卸压；　　　　输导控制压力；

离合器压力；　　　　　　　控制压力；

供油油压；　　　　　　　　位于油底壳内

❼ 车辆静止时离合器控制（爬坡控制）。选择前进挡，发动机怠速运转时，爬坡控制功能将离合器设定到一个额定的打滑转矩（离合器转矩）。

汽车运行状态与带有变转器的自动变速箱汽车相同。选择的离合器压力与输入转矩互相协调，使汽车处于"爬坡"功能。根据车辆行驶状态和车速，输入转矩在额定范围内变化。链轮锥面提供的接触压力（由 G194 控制）用于精确控制离合器转矩。

🔧 **注意**

a. 爬坡控制允许不踩加速踏板（驻车时）也可调节离合器转矩，因此增强了驾驶舒适性（图 4-2-15）；

b. 接触压力与链轮装置 1 处的发动机输入转矩成正比，利用 G194 可以精确计算和控制离合器转矩。

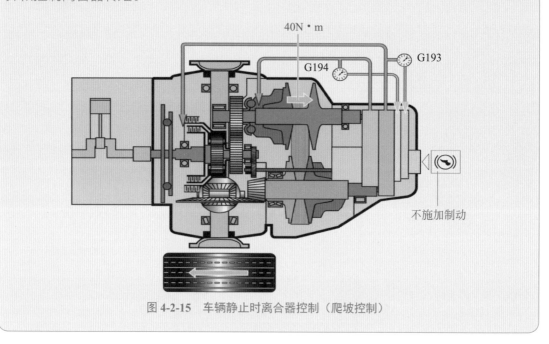

图 4-2-15　车辆静止时离合器控制（爬坡控制）

❽ 爬坡控制特点。当车辆静止，制动器作用时，减小爬坡转矩；于是，发动机不必产生如此大的转矩（离合器片间隙也增加）（图 4-2-16）。

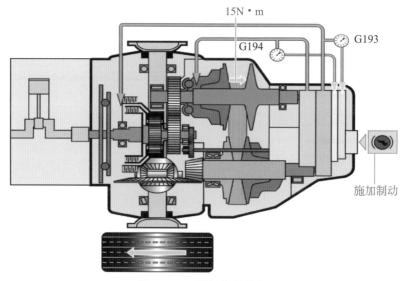

图 4-2-16　爬坡控制特点

> **注意**
>
> 当汽车停于坡道上，制动压力不足，车辆回溜时，离合器压力将增大，使汽车停住。

由于降低了汽车的运转噪声（车辆静止时，发动机怠速运转时产生的"嗡嗡"声），并且只需稍加制动即可停住汽车，因而改善了燃油经济性和舒适性。

> **注意**
>
> 通过两个变速箱输出速度传感器 G195 和 G196 可以区分汽车是向前行驶还是向后行驶，使坡道停住功能可以实现。

❾ 微量打滑控制（图 4-2-17）。微量打滑控制适应离合器控制和减缓发动机产生的转矩振动。在部分负荷状态下，离合器特性被调整到 160N·m 发动机转矩状态。当发动机转速上升到约 1800r/min，转矩约达 220N·m 时，离合器在所谓的"微量打滑"模式下工作。在此工作模式下，变速箱输入轴和链轮装置 1 之间的打滑率（速度差别）保持在 5～20r/min。

为此，变速箱控制单元将变速箱输入转速传感器 G182 提供的信号与发动机转速信号相比较（考虑辅助减速齿轮挡）。传感器 G182 监测链轮装置 1 的转速。

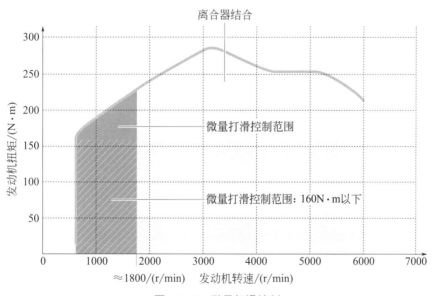

图 4-2-17　微量打滑控制

❿ 离合器控制匹配。为了能在任何工作状态下和其寿命内使离合器控制舒适性能不变，控制电流及离合器转矩之间的关系必须不断优化。因为离合器的摩擦系数经常变化，所以这一点很重要。摩擦系数取决于下列因素：

a. 变速箱油（质量、老化、损耗）；

b. 变速箱油温；

c. 离合器温度；

d. 离合器打滑。

为补偿这些影响和优化离合器控制，在爬坡控制模式和部分负荷状态下，控制电流和离合器转矩要相匹配。

爬坡模式下匹配（施加制动）：

a. 如前所述，在爬坡模式中有一额定的离合器转矩，变速箱控制单元检测控制电流（来自 N215）和来自压力传感器 G194 的数据（接触压力）间的关系，并且将这些数据存储起来，实际数据用于计算新的特性参数；

b. 匹配功能用于保持恒定离合器控制质量；

c. 传递大转矩时，匹配数据也影响离合器压力的计算（离合器完全接合）；

d. 离合器压力不需要很高，适合的离合器压力有助于提高效率。

⓫ 离合器冷却系统（图 4-2-18）。

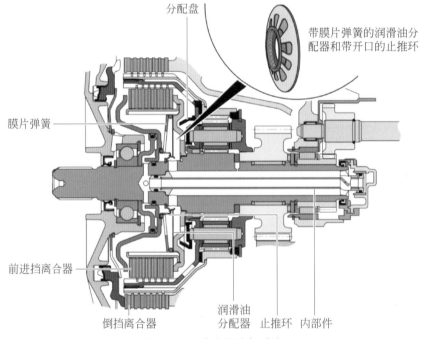

图 4-2-18　离合器冷却系统

为了保护离合器不暴露在高温之下，离合器由单独的油流来冷却（特别是在苛刻条件下行驶）。

为了减少因离合器冷却时的动力损失，冷却油流集成在阀体上的冷却油控制单元，在需要时接通。

冷却油量可通过吸气喷射泵来增加（吸气泵），而不必对油泵容量有过高的要求。为了优化离合器的冷却性能，冷却油仅传递到动力传递离合器链轮装置。前进挡离合器的冷却油和压力油通过变速箱输入轴的孔道流通。两油路由钢管彼此分开，钢管被称为"内部件"。变速箱输入轴出油口上安有"润滑油分配器"，将润滑油引导到前进挡离合器或 倒挡离合器。

a.冷却前进挡离合器。若前进挡离合器接合，离合器缸筒（压盘）将润滑油分配器压回（图4-2-19）。在此位置，冷却油流经润滑油分配器前端面，流过前进挡离合器。

b.冷却倒挡离合器。若前进挡离合器不工作（发动机怠速运转或倒挡离合器工作时），润滑油分配器回到其初始位置。这种情况下，冷却油流到润滑油分配器，然后通过分配盘流回倒挡离合器。分配器带轮油道内的部分润滑油流到行星齿轮系统，提供必要的润滑。

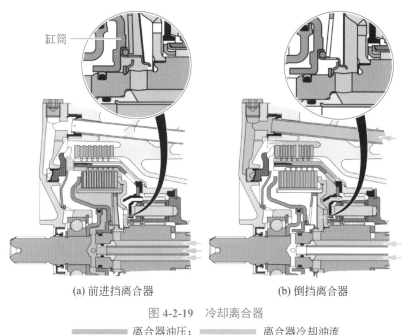

(a) 前进挡离合器   (b) 倒挡离合器

图 4-2-19　冷却离合器

离合器油压； 离合器冷却油流

⑫ 液压离合器冷却控制（图4-2-20）。在离合器控制单元动作的同时，离合器冷却系

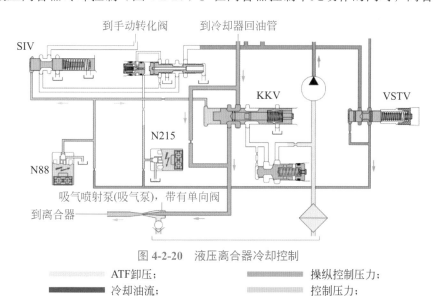

图 4-2-20　液压离合器冷却控制

ATF卸压；		操纵控制压力；	
冷却油流；		控制压力；	
来自冷却器回油管的油；		位于油底壳内	

统接通。变速箱控制单元向电磁阀 N88 提供额定电流,该电流产生控制压力控制离合器冷却阀(KKV)。离合器冷却阀(KKV)将压力从冷却油回油管传到吸气喷射泵(吸气泵)。压力油用于操纵吸气喷射泵(吸气泵)。

⑬ 辅助变速齿轮挡(图 4-2-21)。由于受空间的限制,转矩通过辅助变速齿轮传递到变速器。辅助变速齿轮有不同的速比以适应发动机到变速箱的变化。于是,变速器在其最佳转矩范围内工作。

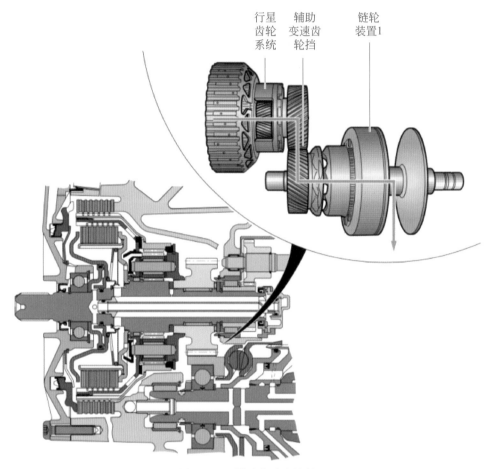

图 4-2-21　辅助变速齿轮挡

⑭ 变速器(图 4-2-22)。Multitronic 应用的变速器其工作模式基于双活塞原理。此变速器新的特点为转矩传感器集成在链轮装置 1 上。链轮装置 1 和 2 个都有一个将锥面链轮压回位的分离缸(压力缸)和用于调整变速比的分离缸(变速器分离缸)。双活塞原理利用少量压力油就可以很快地进行换挡,这可保证在相对低压时,锥面链轮有足够的接触压力。

a. 调整。由于调整动态特性的要求,供给的压力油必须合适。为减少油量,分离缸的表面要比压力缸小,因此调整所需油量相对较少。尽管油泵供油率低,仍然可获得很高的调整动力特性和较高效率。液压系统卸压时,链轮装置 1 的膜片弹簧和链轮装置 2 的螺旋弹簧产生额定的传动链条基础张紧力(接触压力)。在卸压状态下,变速器启动转矩变速比由链轮装置 2 的螺旋弹簧的弹力调整(图 4-2-23)。

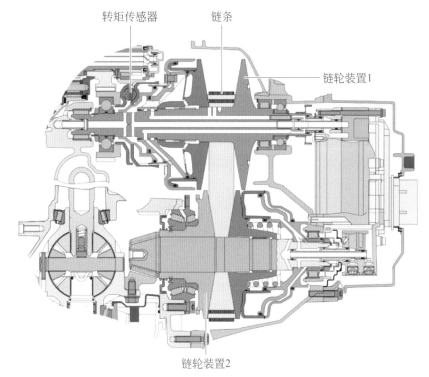

图 4-2-22 变速器

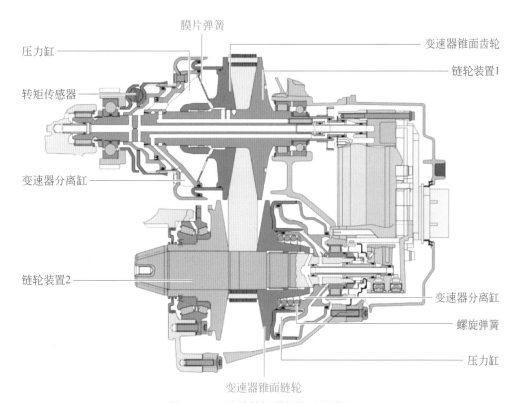

图 4-2-23 终端转矩增长比（加速）

b. 接触压力。为了使发动机产生转矩，锥面链轮和传动链之间需要很高的接触压力，接触压力通过调节压力缸内的油压产生。根据液压原理，压力（接触压力）因压强和有效面积不同而不同。压力缸表面积很大，能够为低压油提供所需的接触压力，相对低的油压对效率也有积极影响。

c. 牵引。当汽车被牵引时，连轮装置 2 驱动链轮装置 1。链轮分离缸和压力缸产生动态压力。系统设计时，通过变速器建立的动态压力将变速比调整到约 1 ：1。链轮装置 1 和行星齿轮系统避免因发动机转速超差而受到保护。

链轮装置 1 的膜片弹簧（图 4-2-24）协助完成此过程。

⑮ 换挡控制。

a. 电子控制部分（图 4-2-25）。Multitronic 控制单元有一个动态控制程序（DRP）用于计算额定的变速箱输入转速，它是应用于多挡自动换挡中的动态换挡程序（DSP）的升级版本。为了在每个驾驶状态下都获得最佳齿轮传动比，驾驶员输入信息和车辆工作状态要被计算在内。

根据边界条件，动态控制程序计算出变速箱额定输入转速。传感器 G182 监测链轮装置 1 处的变速箱实际输入转速。变速箱控制单元根据实际值与设定值间的比较，计算出压力调节阀 N216 的控制电流。N216 产生液压换挡阀的控制压力，该压力与控制电流几乎成正比。通过检查来自 G182（变速箱输入转速传感器）、G195（变速箱输出转速传感器）及发动机转速信号来实现对换挡的监控。

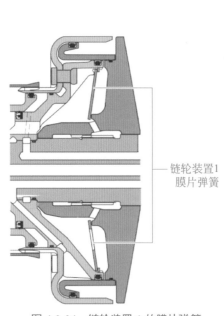

图 4-2-24　链轮装置 1 的膜片弹簧

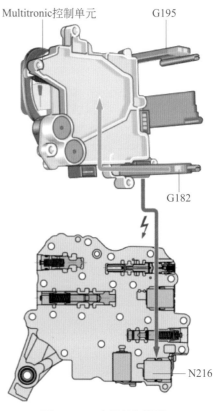

图 4-2-25　电子控制部分

b. 液力换挡控制（图 4-2-26）。输导控制阀（VSTV）向压力调节阀 N216 提供一个约 5bar 的常压。N216 根据变速箱控制单元计算的控制电流产生控制压力，该压力影响减压阀的位置。控制电流大，控制压力高。根据控制压力，减压阀将调节压力传递到链轮装置 1 或 2 的分离缸。控制压力为 1.8～2.2bar 时，阀关闭。控制压力低于 1.8bar 时，调整压力传递到链轮装置 1 的分离缸，同时链轮装置 2 的分离缸与油底壳相通，变速器朝"超速"变速比方向换挡。

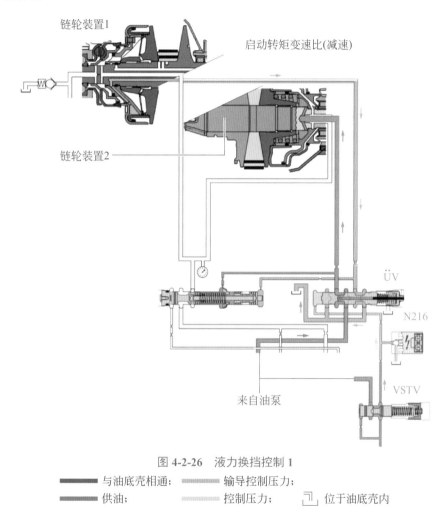

图 4-2-26　液力换挡控制 1

与油底壳相通；　　输导控制压力；
供油；　　控制压力；　　位于油底壳内

若控制压力大于 2.2bar，调整压力传递到链轮装置 2 的分离缸 2，同时链轮装置 1 的分离缸与油底壳相通，变速器朝"启动转矩"变速比方向换挡（图 4-2-27）。

⑯ 转矩传感器（接触压力控制）。如前所述，压力缸中合适的油压最终产生锥面链轮接触压力，若接触压力过低，传动链会打滑，这将损坏传动链和链轮；相反，若接触压力过高，会降低效率。因此，转矩传感器的作用是根据要求建立起尽可能精确、安全的接触压力。

液力 - 机械式转矩传感器集成于链轮装置 1 内，静态和动态高精确度地监控传递到压力缸的实际转矩并建立压力缸的正确油压。

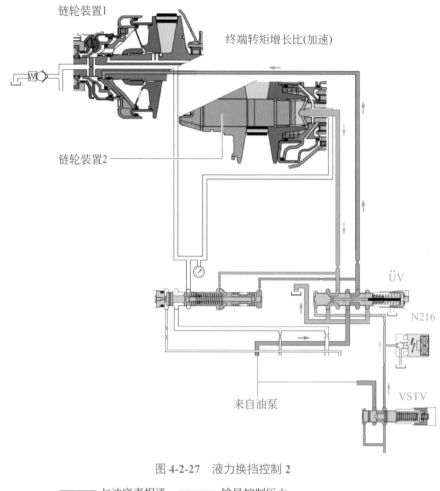

图 4-2-27　液力换挡控制 2

| ▬ 与油底壳相通； | ▬ 输导控制压力； |
| ▬ 供油； | ▬ 控制压力； | ⌐ 位于油底壳内 |

注意

　　发动机转矩仅通过转矩传感器传递给变速器；转矩传感器通过液力－机械方式控制接触应力。

　　a. 结构和功能。转矩传感器主要部件为 2 个滑轨架，每个支架有 7 个滑轨，滑轨中装有滚子。滑轨架 1 装于链轮装置 1 的输出齿轮中（辅助变速齿轮挡输出齿轮），滑轨架 2 通过花键与链轮装置 1 连接，可以轴向移动并由转矩传感器活塞支撑（图 4-2-28）。转矩传感器活塞调整接触压力并形成转矩传感器腔 1 和 2。

　　支架彼此间可径向旋转，将转矩转化为轴向力（因滚子和滑轨的几何关系），此轴向力施加于滑轨架 2 并移动转矩传感器活塞，活塞与支架接触。转矩传感器活塞控制凸缘关闭或打开转矩传感器腔输出端图 4-2-29。

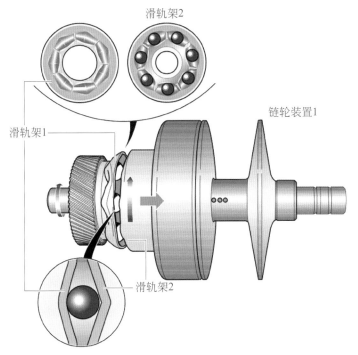

图 4-2-28　滑轨架

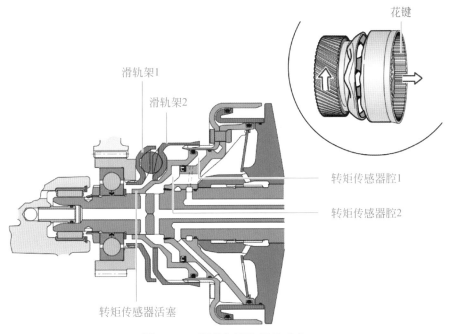

图 4-2-29　滑轨架工作原理（1）

转矩传感器腔 1 直接与压力缸相通。

按系统设计，发动机转矩产生的轴向力与压力缸内的压力达到平衡。

在汽车稳定运行的情况下，出油孔只部分关闭，打开排油孔（扭矩传感器）后压力下降，调节压力缸内的压力（图 4-2-30）。

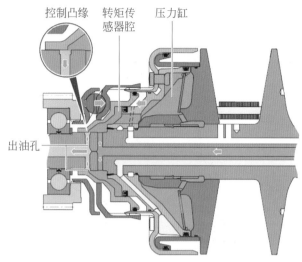

控制凸缘　转矩传感器腔　压力缸

出油孔

图 4-2-30　滑轨架工作原理（2）

若输入转矩提高，控制凸缘进一步关闭出油孔，压力缸内的压力升高，直到建立起新的平衡。

若输入转矩下降，出油孔进一步打开，压力缸内的压力降低，直到恢复力平衡（图4-2-31）。

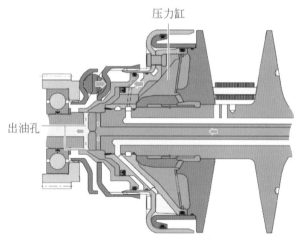

压力缸

出油孔

图 4-2-31　滑轨架工作原理（3）

转矩达到峰值时，控制凸缘完全关闭出油孔，若转矩传感器进一步移动，将会起到油泵作用，此时被排挤的油使压力缸内的压力迅速上升，这样就毫无延迟地调整接触压力（图4-2-32）。

> ⚒ **注意**
>
> 汽车驶过凹坑或路面摩擦系数发生变化（例如从结了一层薄冰的路面到沥青路面）时，会出现相当高的转矩峰值。

　　b. 功能和工作模式。与变速比有关的接触压力在转矩传感器腔 2 内被调整。提高或降低转矩传感器腔 2 内的压力，压力缸内的压力也发生变化。转矩传感器腔 2 内的压力受链轮装置 1 轴上的两个横向孔控制。该孔通过变速器锥面链轮的轴向位移关闭或打开。当变速器位于启动转矩挡时，横向孔打开（转矩传感器腔 2 泄压）（图 4-2-33）。

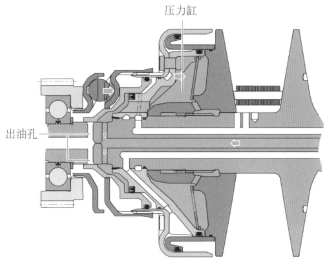

图 4-2-32　滑轨架工作原理（4）

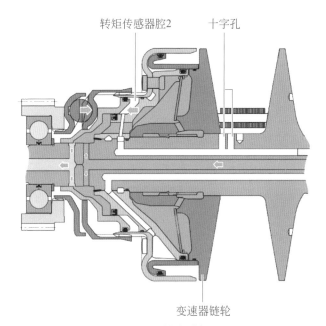

图 4-2-33　横向孔打开

　　变速器换到"高转速"挡时，横向孔立即关闭，若为一个标定的转速比，左侧横向孔又打开，此时油液通过相关联的可变锥面链轮孔与压力缸相通（图 4-2-34）。此时油压从压力缸传入转矩传感器腔 2，该压力克服转矩传感器的轴向力并将转矩传感器活塞向左移动。控制凸缘进一步打开出油孔，减小压力缸内的油压。

　　双级压力适配的主要优点为，中间挡位范围可利用低接触压力提高效率。

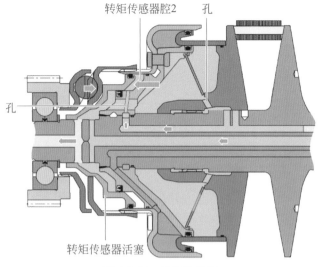

图 4-2-34　横向孔关闭

（4）飞溅式润滑油罩盖

位于链轮装置 2 上的"飞溅润滑油盖"是变速器又一个独特的结构，它可阻止压力缸建立起动态压力。

在发动机转速很高时，压力缸内变速箱承受很高的旋转离心力，使其压力上升，此过程称为"动态压力建立"。动态压力建立不是所希望的，因其不恰当地提高接触压力并对传动控制产生有害影响。封闭在飞溅润滑油罩盖内的油承受与压力缸内油相同的动态压力，这样压力缸内的动态压力得到补偿。飞溅润滑油腔通过燃油喷射孔直接从液压单元处获得润滑油，通过此孔，润滑油连续喷入飞溅润滑油腔入口。飞溅润滑油腔容积减少（当改变传动比时）使润滑油从供油口排出（图 4-2-35）。

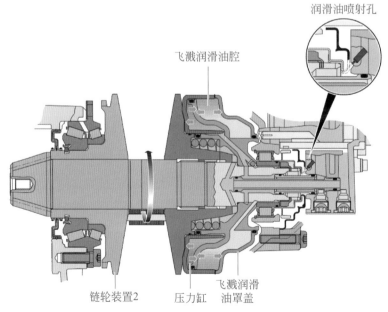

图 4-2-35　飞溅润滑原理

（5）传动链

传动链是 Multitronic 变速器的关键部件。这是首次将传动链作为 CVT 变速箱的传动方式。传动链是新开发的，与传统的滑动带或 V 形带相比有如下优点：

• 尽管变速器尺寸小，但很小的跨度半径却可产生很大的"扩展范围"；

• 传递转矩高；

• 高效率。

✖ 注意

扩展范围被描述为速比，启动转矩速比除以扩展值就得到最终转矩增长比。概括来讲，大的扩展范围是一项优点，因其既可提供很高的启动转矩速比（好的动力性），又可提供低的最终转矩增长（低油耗）。特别是在 CVT 原理中，可获得任意中间挡位并且没有哪一个挡不合适（图4-2-36）。

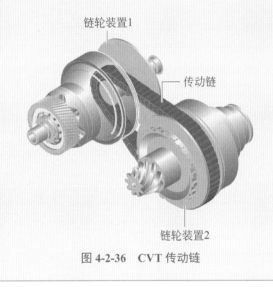

链轮装置1

传动链

链轮装置2

图 4-2-36　CVT 传动链

对于传统的传动链，传动链节通过链节接销非刚性连接，为传递转矩，齿轮与链节间的销子啮合。CVT 传动链应用不同的技术使相邻传动链链节通过转动压块连成一排（每个销子连接 2 个链节）。对于 CVT 传动链，转动压块在变速器锥面链轮间"跳动"，即锥面链轮互相挤压（图4-2-37）。

转矩只靠转动压块正面和锥面链轮接触面间的摩擦力来传递。

转动压块相互滚动，当其在锥面链轮跨度半径范围内"驱动"传动链时，几乎没有摩擦。

这种情况下，尽管转矩高、弯曲角度大，动力损失和磨损却降到最低，使其寿命延长并且提高了效率（图4-2-38）。

3. 供油系统

（1）概述

在 Mulitronic 中，动力传递由动力供应和液压部分决定。为正常工作，必须要求有电流和足够的润滑油供应。油泵是变速箱中消耗动力的主要部件，因此其容量对于总效率是很重要的。

上述系统被设计为在最小油量下工作，并且已经研制出一种改良过的供油系统。

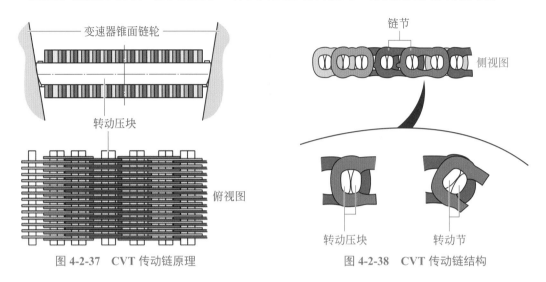

图 4-2-37　CVT 传动链原理　　　　　　图 4-2-38　CVT 传动链结构

（2）油泵

油泵（图 4-2-39）直接安装在液压控制单元上，以免不必要的连接。油泵和控制单元形成一个整体，减少了压力损失并节约了成本。

Multitronic 装有高效率的月牙形泵。尽管该泵所需的润滑油量相对少，但却可产生需要的压力。

吸气式喷射泵（吸气泵）还要额外供给离合器冷却所需的低压油，月牙形叶片泵作为一个小部件集成在液压控制单元上，并直接由输入轴通过直齿轮和泵轮驱动。

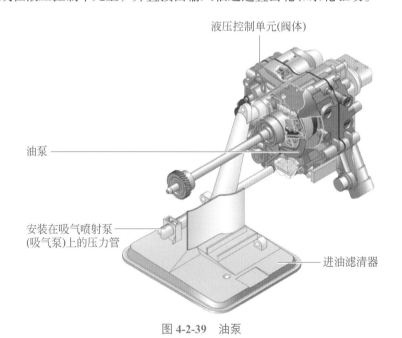

图 4-2-39　油泵

作为一个特点，油泵有径向和轴向的调整间隙（图 4-2-40）。油泵要求"内部密封"良好，以便在发动机低转速下产生高压。因部件公差，传统油泵达不到上述要求。

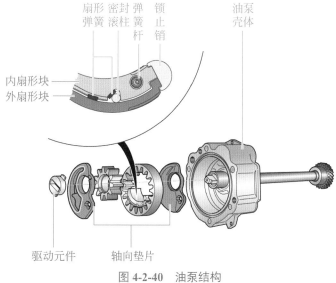

图 4-2-40　油泵结构

（3）轴向间隙的调整（图 4-2-41）

两个轴向垫片封住油泵部分并在油泵内形成一单独的泄油腔，垫片纵向（轴向）密封住压力腔。垫片上有特殊的密封材料，垫片由油泵壳体或液压控制单元的泵垫支撑。

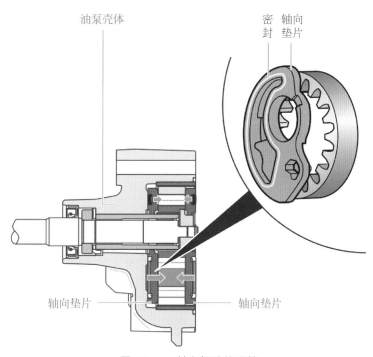

图 4-2-41　轴向间隙的调整

　　轴向垫片可使泵的压力在轴向垫片上和壳体间起作用。密封件可防止压力泄出。油泵压力增加时，轴向垫片被更紧地压到月牙密封和油泵齿轮上，补偿了轴向间隙。

　　得益于径向和轴向间隙的调整，尽管油泵体积小，却能产生所需的高压，同时获得很高效率。

（4）径向间隙的调整

　　径向间隙调整功能是补偿月牙形密封和齿轮副（齿轮和齿圈）之间的径向间隙。因此，月牙形密封在内扇形块和外扇形块之间滑动。

　　内扇形将压力腔与齿轮密封隔开，同时也抑制外扇形径向移动，外扇形将压力腔与齿圈密封隔开。泵压力在两扇形件之间流动。油泵压力增加时，扇形件被更紧地压向齿轮和齿圈，补偿径向间隙。当油泵泄压时，扇形件弹簧向扇形件和密封滚柱提供基本接触压力，提高了油泵的吸油特性，同时保证油泵压力可在扇形件间动作，并作用于密封滚柱（图4-2-42）。

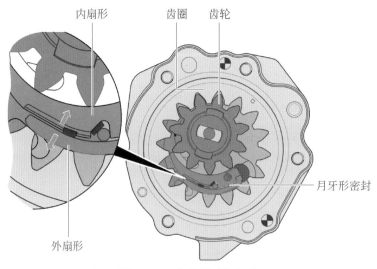

内扇形　　齿圈　　齿轮

月牙形密封

外扇形

图4-2-42　径向间隙的调整

（5）吸气喷射泵（吸气泵）

　　为了保证充分冷却离合器，对润滑油量有一定要求，特别是被牵引时（因打滑会产生很高温度），润滑油量超出了内齿轮泵容量。

　　吸气喷射泵（吸气泵）集成在离合器冷却系统中，以供应冷却离合器所需的润滑油量。

　　吸气喷射泵（吸气泵）为塑料结构并且凹向油底壳深处。

　　吸气喷射泵（吸气泵）根据文丘里管原理工作。当离合器需要冷却时，冷却油（压力油）由油泵出来，通过吸气喷射泵（吸气泵）进行导流并形成动力喷射流，润滑油流经泵的真空部分产生一定真空，将油从油底壳吸出，并与动力喷射流一起形成一股大量的、几乎御压的油流。在不增加油泵容量的情况下，冷却油油量几乎加倍。

　　单向阀阻止吸气喷射泵（吸气泵）空运转并且有助于对冷却油供应做出迅速的反应（图4-2-43）。

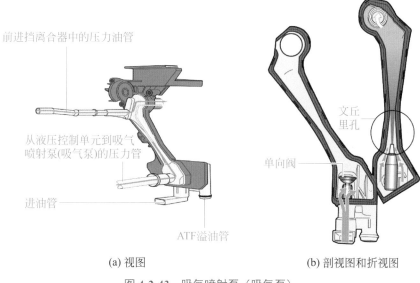

前进挡离合器中的压力油管

从液压控制单元到吸气
喷射泵(吸气泵)的压力管

进油管

ATF溢油管

文丘
里孔

单向阀

(a) 视图   (b) 剖视图和折视图

图 4-2-43   吸气喷射泵（吸气泵）

4. 电子液压控制

注意

油泵、液压控制单元（阀体）和变速箱控制单元集成为一个小型的不可分单元。

液压控制单元由手动换挡阀、9 个液压阀和 3 个电磁压力控制阀组成。液压控制单元和变速箱控制单元直接插在一起（图 4-2-44）。

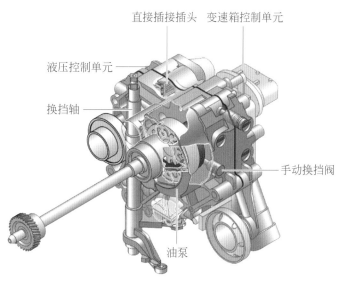

直接插接插头   变速箱控制单元

液压控制单元

换挡轴

手动换挡阀

油泵

图 4-2-44   液压控制单元和变速箱控制单元

液压控制单元完成下述功能：

❶ 前进挡 - 倒挡离合器控制；

❷ 调节离合器压力；

❸ 冷却离合器；

❹ 为接触压力控制提供压力；

❺ 传动控制；

❻ 为飞溅润滑油罩盖供油。

液压控制单元（图 4-2-45）通过"旋入螺钉"的零件直接与链轮装置 1 或链轮装置 2 相连接。

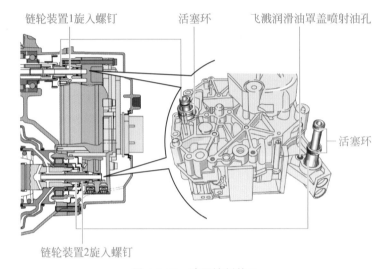

图 4-2-45　液压控制单元

为保护部件，限压阀 DBV1（图 4-2-46）将最高压力限制在 82bar。通过 VSTV，向压力控制阀提供了一个恒定的 5bar 输导控制压力。MDV 最小压力阀防止启动时油泵吸入发动机进气。当油泵输出功率高时，MDV 最小压力阀打开，允许润滑油从回油管流到油泵吸入侧，提高油泵效率。

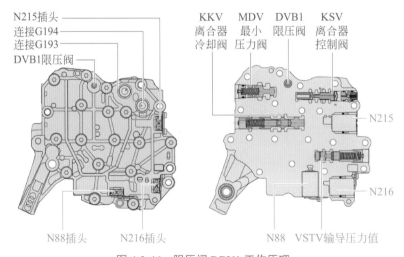

图 4-2-46　限压阀 DBV1 工作原理

VSPV 施压阀（图 4-2-47）控制系统压力，在特定功能下，始终提供足够油压（应用接触压力或调节压力）。

电磁阀 N88、N215 和 N216 在设计上称为"压力控制阀"，它们将控制电流转变成相应的液压控制压力。

N88（电磁阀 1）控制离合器冷却阀（KKV）和安全阀（SIV）。

电磁阀 N215（自动变速器，压力调节阀 1）激活离合器控制阀（KSV）。

电磁阀 N216（自动变速器，压力调节阀 2）激活减压阀。

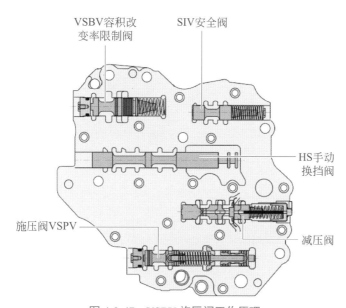

图 4-2-47　VSPV 施压阀工作原理

5. 换挡杆和停车锁

换挡杆位置 P、R、N 和 D 传输机械连接（拉索）仍存在于换挡杆通道和变速箱之间。

通过换挡杆，可完成下述功能：

❶ 触发液压控制单元手动换挡阀，即通过液压机械方式控制（前进挡/倒挡/空挡）；

❷ 控制停车锁；

❸ 触发多功能开头，电子识别换挡杆位置。

在换挡杆处于位置 P 时，与锁止齿相连的连杆轴向移动，停车锁架被压向停车锁齿轮，停车锁啮合（图 4-2-48）。

停车锁齿轮与驱动齿轮永久性连接。

6. ATF 冷却系统

来自链轮装置 1 的 ATF 油最初流经 ATF 冷却器。ATF 在流回液压控制单元前流经 ATF 滤清器（图 4-2-49）。

在 CVT 中，ATF 冷却器集成在"发动机冷却器中"。热量与发动机冷却循环（油 - 冷却液热交换器）中的冷却液进行热交换。

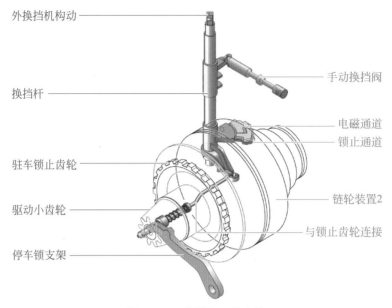

图 4-2-48　换挡杆和停车锁

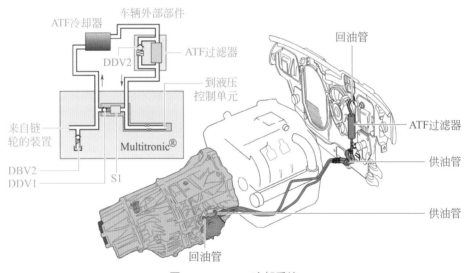

图 4-2-49　ATF 冷却系统

　　DDV1 差压阀防止 ATF 冷却器压力过高（ATF 温度低）。当 ATF 温度低时，供油管和回油管建立起的压力有很大的不同。达到标定压差，DDV1 打开，供油管与回油管直接接通，使 ATF 油温度迅速升高。

　　当 ATF 滤清器的流动阻力过高时（例如滤芯堵了），DDV2 差压阀打开，阻止 DDV1 差压阀打开，ATF 冷却系统因有背压而无法工作。

🔧 注意

　　若 ATF 冷却器泄漏，冷却液将进入 ATF 中，即便是少量的冷却液进入 ATF，也会对离合器产生有害的影响。

7. 变速箱控制系统

（1）Multitronic 控制单元 J217（图4-2-50）

Multitronic 的特点是电控单元集成在变速箱内。

控制单元直接用螺栓紧固在液压控制单元上。

3个压力调节阀与控制单元间直接通过坚固的插接插头连接（S形接头），而没有连接线。用一个25针的小型插头与汽车相连。

F125——多功能开关。

G182——变速箱输入转速传感。

G195——变速箱输出转速传感。

G196——变速箱输入转速传感2。

G193——变速箱油温传感器。

G193——自动变速箱液压传感器1（离合器压力）。

G194——自动变速箱液压传感器2（接触压力）。

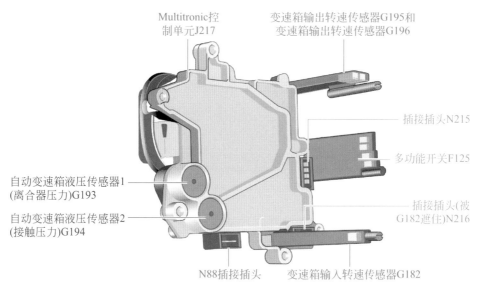

图 4-2-50　Multitronic 控制单元 J217 工作原理

电气部件的底座为一个坚硬的铝板，此铝板也起到了隔热作用。壳体材料为塑料，并用铆钉紧固到底座上。壳体容纳全部的传感器，因此不再需要线束和插头（图4-2-51）。

因为所有电路故障主要都由线路和插头故障引起，这种结构能将可靠性大大提高。发动机转速传感器和多功能开关设计成霍尔传感器。霍尔传感器没有机械磨损，信号不受电磁干扰，这使其可靠性进一步提高。

> 🔧 **注意**
>
> ① 因与变速箱控制单元的连接很少，所以 Multitronic 没有单独线束；
> ② 线束与发动机线束集成在一起。

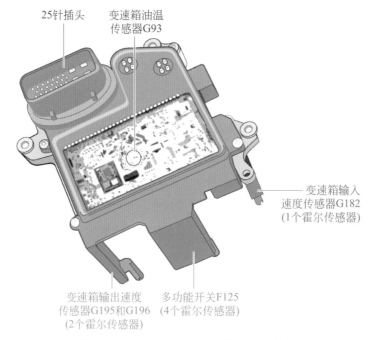

25针插头　　变速箱油温传感器G93

变速箱输入速度传感器G182（1个霍尔传感器）

变速箱输出速度传感器G195和G196（2个霍尔传感器）　　多功能开关F125（4个霍尔传感器）

图 4-2-51　Multitronic 控制单元 J217 结构

（2）传感器

在变速箱中为集成控制单元，传感器信号不能再用传统的设备来测量，只能用自诊断检测和信息系统在"读取故障"和"读取数据块"中完成。

若某个传感器损坏，变速箱控制单元可从其他传感器处获取替代值，除此之外也可从网络控制单元中获得信息，汽车仍可保持行驶。这对车辆影响很小，驾驶员不会立即注意到某个传感器损坏。

🔧 注意

传感器为变速箱控制单元的集成部件。若某个传感器损坏，必须更换变速箱控制单元。

❶ 变速箱输入转速传感器 G182 和变速箱输出转速传感器 G195 和 G196（图 4-2-52）。传感器 G182 监测链轮 1 的转速，提供实际的变速箱输入转速。

G182 损坏：

a. 起步 - 加速过程可利用固定参数完成；

b. 微量滑控制和离合器匹配功能失效。

发动机转速作为替代值。

故障指示：无。

传感器 G195 和 G196 监测链轮 2 转速，通过它识别变速箱输出转速。

来自 G195 的信息用于监测转速。来自 G196 的信号用来区别旋转方向，因此，可区别出汽车是向前行驶还是向后行驶。

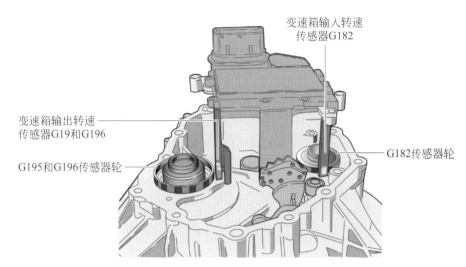

图 4-2-52　变速箱输入转速传感器 G182 和变速箱输出转速传感器 G195 和 G196

> **注意**
>
> 电磁线圈若受严重污染（磨损产生的金属碎屑）会影响 G182、G195 和 196 的工作性能。因此，黏结到电磁圈上的金属碎屑在进行维修前应予清除。

电磁线圈匝数为 40（G182）或 32（G195 和 G196），安装在传感器轮底面；电磁铁有 N/S 极。

变速箱输出转速用于：

a. 变速控制；

b. 爬坡控制；

c. 坡道停车功能；

d. 为仪表板组件提供车速信号。

若 G195 损坏，变速箱输出转速可从 G196 的信号取得。坡道停车功能也失效。

若 G196 损坏，坡道停车功能失效。

若两个传感器都损坏，可从轮速信号获取替代值（通过 CAN 总线），坡道停车功能失效。

故障显示：无。

点火后，控制单元观察来自两个传感器的下降沿信号并启动其他传感器位置。

当来自传感器 G195 的信号为下降沿时，传感器 G196 位置为"Low"；当来自传感器 G196 的信号为下降沿时，传感器 G195 的位置为"High"。变速箱控制单元将这种"模式"理解为前进挡（图 4-2-53）。

本例中，当来自传感器 G195 的信号为下降沿时，传感器 G196 位置为"High"；当来自传感器 G196 的信号为下降沿时，传感器 G195 的位置为"Low"。变速箱控制单元将此"模式"理解为倒挡（图 4-2-54）。

❷ 自动变速箱液压传感器 1（G193）（图 4-2-55）。传感器 G193 监测前进挡和倒挡离合器压力，用于监控离合器功能（见"离合器控制"）。离合器压力监控有高的优先权，因

此多数情况下，G193 失效会使安全阀被激活（见"安全切断"）。

故障显示：闪烁。

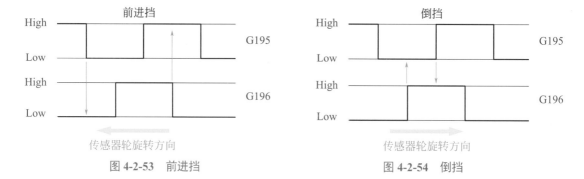

图 4-2-53　前进挡

图 4-2-54　倒挡

❸ 自动变速箱液压传感器 2（G194）（图 4-2-56）。传感器 G194 监测接触压力，此压力由转矩传感器调节。因为接触压力总是与实际变速箱输入转矩成比例，利用 G194 的信号可十分准确地计算出变速箱输入转矩。

G194 的信号用于离合器控制（爬坡功能控制和匹配）。若 G194 信号不正确，则爬坡控制匹配功能失效。爬坡转矩由存储值来控制。

故障显示：无。

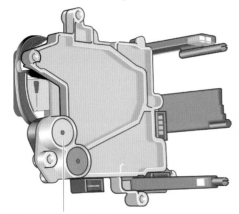

自动变速箱液压传感器1(G193)

图 4-2-55　自动变速箱液压传感器 1（G193）

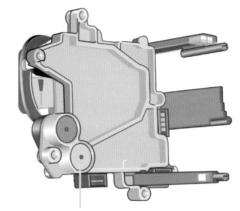

自动变速箱液压传达室感器2(G194)

图 4-2-56　自动变速箱液压传感器 2（G194）

❹ 多功能开关 F125（图 4-2-57）。多功能开关 F125 由 4 个霍尔传感器组成，霍尔传感器由换挡轴上的电磁通道控制。来自霍尔传感器的信号阐述与手动式开关位置相同。

高位置：开关关闭（1）。

低位置：开关打开（0）。

因此，一个"开关"可产生 2 个信号"1"和"0"，4 个"开关"能产生 16 种不同的换挡组合。

a. 4 个换挡组合用于识别换挡位置 P、R、N、D。

b. 2 个换挡组合用于监测中间位置（P-R、R-N-D）。

c. 10 个换挡组合用于故障分析。

❺ 变速箱油（ATF）温度传感器 G93。传感器 G93 集成在变速箱控制单元电子器件中。G93 记录变速箱控制单元铝制壳体的温度，即相应的变速箱油温度。

变速箱油温影响离合器控制和变速箱输入转速控制。因此，在控制和匹配功能中发挥着重要作用。若 G93 损坏，则发动机温度被用来计算出一个替代值。匹配功能和某些控制功能失效。

故障显示：倒置。

为保护变速箱部件，若变速箱油温超过约 145℃，发动机输出功率将下降。

若变速箱油温继续上升，发动机输出功率逐渐减小。

故障显示：闪烁。

❻ "制动动作"信号（图 4-2-58）。下列功能要求"制动动作"信号：

a. 换挡杆锁止功能；

b. 爬坡控制；

c. 动态控制程序（DCP）。

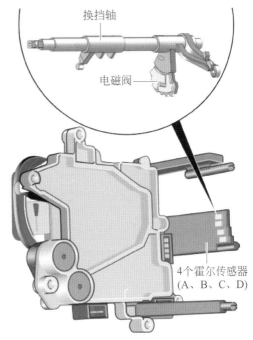

图 4-2-57　多功能开关 F125

"制动动作"信号由发动机控制单元 CAN 总线提供并不直接与制动灯开关连接。

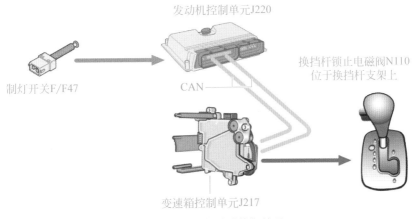

图 4-2-58　"制动动作"信号

❼ "强制减挡"信息（图 4-2-59）。强制减挡信息不需单独的开关。位于加速踏板组件上的簧载压力元件产生一个"阻尼点"，将"强制减挡感觉"传给驾驶员。

当驾驶员激活强制减挡功能时，传感器 G79 和 G185（加速踏板组件）的电压值超过节气门全开时的电压值。当与强制低速挡点相对应的电压值被超过时，发动机控制单元通过

CAN 总线向变速箱控制单元发送一个强制减挡信号。

在自动模式下，当强制减挡功能被激活时，最大加速的最大动力控制参数被选择。强制减挡功能不能被连续激活。当强制减挡被激活一次后，加速踏板只需要保持在节气门全开位置。

> **注意**
>
> 若更换加速踏板组件，必须用自诊断检测和信息系统对强制减速换挡点进行重新匹配。

（3）Tiptronic 开关 F189（图 4-2-60）

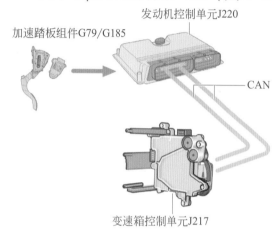

图 4-2-59 "强制减挡"信息

Tiptronic 开关 F189 集成在齿轮变换机构的鱼鳞板中，由 3 个霍尔传感器组成，霍尔传感器由位于鱼鳞板上的电磁阀激活。

传感器 A—— 减挡传感器。

传感器 B——Tiptronic 识别传感器。

传感器 C——升挡传感器。

鱼鳞板上有 7 个 LED 指示：4 个用于换挡杆位置显示，1 个用于"制动动作"信号，其余 2 个用于 Tiptronic 护板上的"+"和"-"信号。

每个换挡杆位置 LED 都由单独的霍尔传感器控制。当被激活时，F189 开关将变速箱控制单元接地。若有故障，Tiptronic 功能不能执行。

故障显示：倒置。

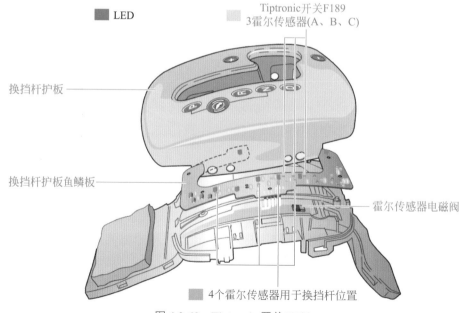

图 4-2-60 Tiptronic 开关 F189

第三节　自动变速器常规维修

1. 驻车挡 / 空挡位置开关拆装流程（以丰田卡罗拉为例）

（1）检查驻车挡 / 空挡位置开关总成

❶ 施加驻车制动并将点火开关置于 ON（IG）位置。

❷ 踩下制动踏板，检查并确认当换挡杆在 N 或 P 位置时发动机能启动，而在其他位置时不启动。

❸ 检查并确认当换挡杆在 R 位置时倒车灯点亮，倒挡警告蜂鸣器鸣响，但在其他位置不起作用。

❹ 如果发现故障，则应检查驻车挡 / 空挡位置开关的导通性。

（2）拆卸驻车挡 / 空挡位置开关总成（以丰田卡罗拉为例）

❶ 从蓄电池负极端子断开电缆。

❷ 拆卸发动机底罩。

❸ 分离变速器控制拉索总成。

a. 从控制杆上拆下螺母并断开控制拉索总成（图 4-3-1）。

b. 从控制拉索支架上拆下卡子并断开控制拉索总成。

❹ 拆卸驻车挡 / 空挡位置开关总成。

a. 从驻车挡 / 空挡位置开关总成上断开连接器。

b. 拆下螺母、垫圈和控制杆（图 4-3-2）。

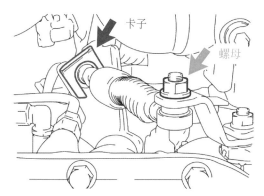

图 4-3-1　拆下螺母并断开控制拉索总成

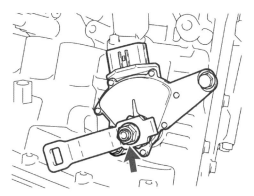

图 4-3-2　拆下螺母、垫圈和控制杆

c. 撬出锁止板并拆下手动阀轴螺母（图 4-3-3）。

d. 拆下 2 个螺栓，并拉出驻车挡 / 空挡位置开关总成（图 4-3-4）。

（3）安装驻车挡 / 空挡位置开关总成

❶ 将驻车挡 / 空挡位置开关安总成安装至自动传动桥。

❷ 暂时安装 2 个螺栓。

❸ 换上新的锁止板，并拧紧手动阀轴螺母（图 4-3-5）。

扭矩：6.9N·m。

④ 暂时安装控制杆。

⑤ 逆时针转动控制杆直到其停止，然后顺时针转动 2 个槽口（图 4-3-6）。

⑥ 拆下控制杆。

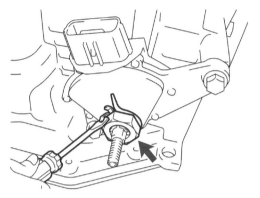

图 4-3-3　撬出锁止板并拆下手动阀轴螺母

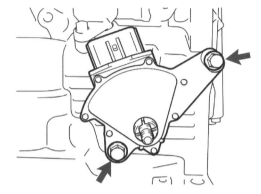

图 4-3-4　拉出驻车挡/空挡位置开关总成

图 4-3-5　拧紧手动阀轴螺母

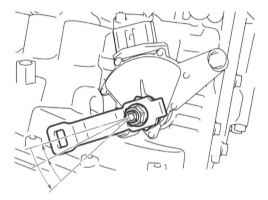

图 4-3-6　顺时针转动 2 个槽口

⑦ 将凹槽与空挡基线对准（图 4-3-7）。

⑧ 将开关固定到位，然后拧紧 2 个螺栓。

扭矩：5.4N·m。

⑨ 使用螺丝刀，用锁止板锁紧螺母（图 4-3-8）。

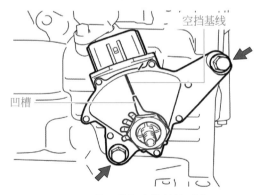

图 4-3-7　将凹槽与空挡基线对准

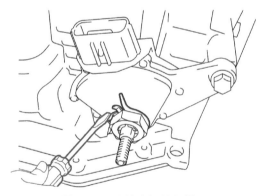

图 4-3-8　用锁止板锁紧螺母

❿ 用螺母和垫圈安装控制杆（图4-3-9）。

扭矩：13N·m。

⓫ 将连接器连接至驻车挡/空挡位置开关总成。

⓬ 安装变速器控制拉索总成。

a. 用螺母将变速器控制拉索总成安装至控制杆。

扭矩：12N·m。

b. 用一个新的卡子将变速器控制拉索总成安装至支架。

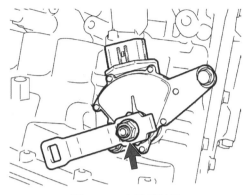

图4-3-9　安装控制杆

⓭ 将电缆连接到蓄电池负极端子。

扭矩：5.4N·m。

⓮ 调整换挡杆位置。

⓯ 检查换挡杆位置。

⓰ 检查驻车挡/空挡位置开关总成。

⓱ 安装发动机底罩。

2. 自动变速器阀体拆装流程

（1）拆卸自动变速器阀体

❶ 从蓄电池负极端子断开电缆。

❷ 拆卸发动机底罩。

❸ 排放自动传动桥油。

a. 拆下放油螺塞和衬垫，并排空ATF。

b. 安装新衬垫和放油螺塞。

扭矩：49N·m。

❹ 拆卸自动传动桥油底壳分总成。

a. 拆下19个螺栓、油底壳和油底壳衬垫（图4-3-10）。

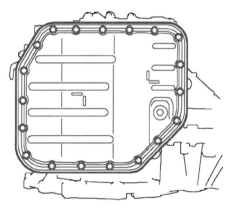

图4-3-10　拆下19个螺栓、油底壳和油底壳衬垫

✖ 小心

· 油底壳中会残留一些油液；

· 拆下所有油底壳螺栓，并小心拆下油底壳分总成。

b. 从油底壳上拆下2个磁铁（图4-3-11）。

c. 检查油底壳中的微粒。

d. 用拆下的磁铁收集所有钢屑。

仔细检查油底壳内及磁铁上的异物和微粒，判断传动桥中可能存在的磨损类型（图4-3-12）。

钢（磁性）：轴承、齿轮和离合器片磨损。

铜（非磁性）：轴承磨损。

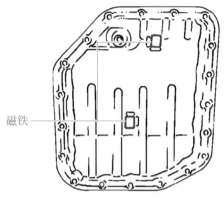 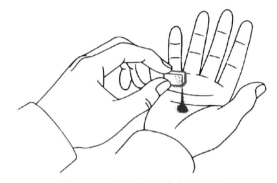

图 4-3-11　从油底壳上拆下 2 个磁铁　　　图 4-3-12　检查油底壳中的微粒

❺ 拆卸阀体滤油网总成。

a. 拆下 3 个螺栓和滤油网（图 4-3-13）。

b. 从滤油网上拆下滤油网衬垫（图 4-3-14）。

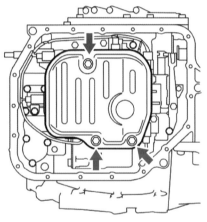 

图 4-3-13　拆下 3 个螺栓和滤油网　　　图 4-3-14　从滤网上拆下滤油网衬垫

❻ 拆卸变速器阀体总成

a. 断开 5 个连接器（图 4-3-15）。

b. 拆下螺栓、锁止板和 ATF 温度传感器。

c. 拆下 2 个螺栓、锁止弹簧罩和锁止弹簧（图 4-3-16）。

d. 拆下 13 个螺栓和阀体总成（图 4-3-17）。

e. 拆下球式单向阀体（图 4-3-18），检查球式单向阀体弹簧。

f. 拆下 2 个传动桥壳二挡制动器衬垫（图 4-3-19）。

（2）安装自动变速器阀体

❶ 安装变速器阀体总成。

a. 在 2 个新的传动桥壳二挡制动器衬垫上涂 ATF，然后将其安装至传动桥壳。

b. 安装球式单向阀体弹簧和球式单向阀体。

c. 使手动阀凹槽对准手动阀杆销。

d. 用 13 个螺栓暂时安装阀体（图 4-3-20）。

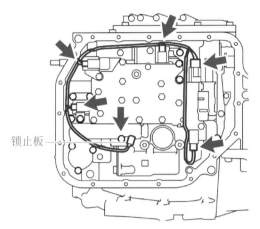

图 4-3-15　断开 5 个连接器

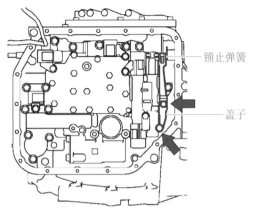

图 4-3-16　拆下 2 个螺栓、锁止弹簧罩和锁止弹簧

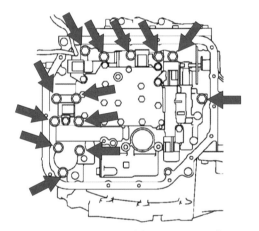

图 4-3-17　拆下 13 个螺栓和阀体总成

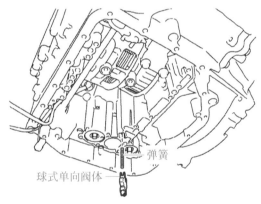

图 4-3-18　拆下球式单向阀体

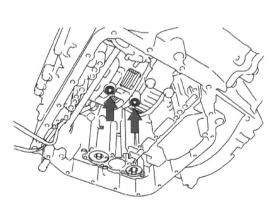

图 4-3-19　拆下 2 个传动桥壳二挡制动器衬垫

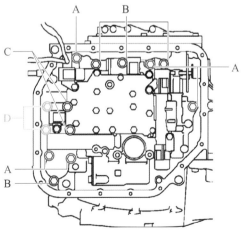

图 4-3-20　用 13 个螺栓暂时安装阀体

螺栓长度如下。

螺栓 A：32mm。

螺栓 B：22mm。

螺栓 C：55mm。

螺栓 D：45mm。

e. 用 2 个螺栓暂时安装锁止弹簧和锁止弹簧盖（图 4-3-21）。

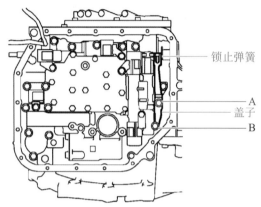

图 4-3-21　用 2 个螺栓暂时安装锁止弹簧和锁止弹簧盖

螺栓长度如下。

螺栓 A：14mm。

螺栓 B：45mm。

f. 检查并确认手动阀杆接触到锁止弹簧顶部滚柱的中心部分。

g. 拧紧这 15 个螺栓。

扭矩：11N·m。

h. 用锁止板和螺栓安装 ATF 温度传感器。

扭矩：11N·m。

i. 连接 5 个换挡电磁阀连接器。

❷ 安装阀体滤油网总成。

在新的滤油网衬垫上涂 ATF，然后将其安装至滤油网。

❸ 用 3 个螺栓安装滤油网。

扭矩：11N·m。

❹ 安装自动传动桥油底壳分总成。

a. 将 2 个磁铁安装至油底壳。

b. 用 19 个螺栓安装油底壳和新衬垫。

扭矩：7.8N·m。

❺ 将电缆连接到蓄电池负极端子。

扭矩：5.4N·m。

❻ 加注自动传动桥油。

❼ 检查自动传动桥油。

❽ 检查自动传动桥油是否泄漏。

❾ 安装发动机底罩。

3. 差速器油封更换流程（以丰田卡罗拉为例）

（1）拆卸差速器油封

❶ 拆卸前桥左半轴总成。

❷ 拆卸前桥右半轴总成。

❸ 拆卸传动桥壳 1 号油封

用 SST 从传动桥壳上拆下传动桥壳 1 号油封（图 4-3-22）。

❹ 拆卸传动桥壳 2 号油封。

用 SST 从传动桥外壳上拆下传动桥壳 2 号油封（图 4-3-23）。

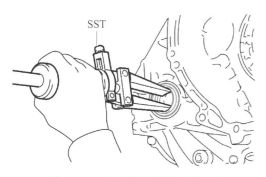

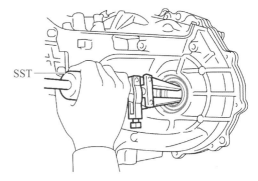

图 4-3-22　拆下传动桥壳 1 号油封　　　　图 4-3-23　拆下传动桥壳 2 号油封

（2）安装差速器油封

❶ 安装传动桥壳 1 号油封。

a. 用 SST 和锤子将新油封安装至传动桥外壳（图 4-3-24）。

标准深度：−0.5 ～ 0.5mm。

🔧 **小心**

切勿损坏油封唇口。

b. 在油封唇口上涂通用润滑脂。

❷ 安装传动桥壳 2 号油封。

a. 用 SST 和锤子将新油封安装至传动桥壳（图 4-3-25）。

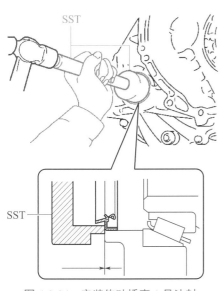

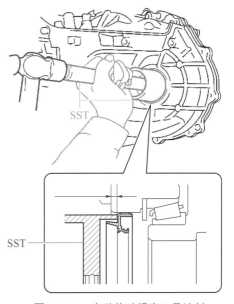

图 4-3-24　安装传动桥壳 1 号油封　　　　图 4-3-25　安装传动桥壳 2 号油封

标准深度：2.2～3.2mm。

b. 在油封唇口上涂通用润滑脂。

❸ 安装前桥左半轴总成。

❹ 安装前桥右半轴总成。

第四节　自动变速器升挡缓慢故障案例分析

❶ 车型：迈腾。

❷ 变速箱：09G。

❸ 行驶里程：76543km。

❹ 故障现象：09G自动挡变速箱升挡缓慢，加速无力，油耗增加，噪声大。

❺ 故障诊断过程。

a. 用VAS5052A检测系统，无故障记录。

b. 检查空气流量计、节气门开度、油门踏板信号、燃油压力（低压和高压）、喷油脉宽、氧传感器及涡轮增压的数据，对比正常车，数据均在正常范围内。对节气门进行基础设定，设定结果显示正常，试车。

c. 对车辆进行路试，发动机加速性能无异常，自动变速箱升挡较慢，尤其D4挡；切换到手动模式，车辆行驶正常，4～6挡升挡正常；初步判定影响车辆加速无力、油耗增加的原因在于变速箱总以低挡位行驶。

d. 检查自动变速箱油，油质和油位无异常；更换变速箱油并拆下滤网，未发现异常；考虑到手动模式升挡正常，可以排除变速箱机械磨损问题。

e. 检查4个轮胎的尺寸及型号，都在同一个等级内，排除了ABS信号导致变速箱升挡缓慢。

f. 用VAS5052A重点检查变速箱电路方面及控制方面，读取02-数据流，数据块004-3区无论车辆在上坡、平直路面还是下坡，一直显示"UP"，即上坡模式；005组第二区"HILL（坡度系数）"一直在60%～100%变化。正常车应该随着路况而变化。根据数据流的分析可以得出变速箱升挡慢的原因是由于变速箱一直处在爬坡状态（爬坡变速箱要降速增扭）。变速箱数据流如图4-4-1所示。

g. 变速箱内部没有识别上下坡的传感器，而变速箱数据流中有坡度变化的数据，这个数据来自J540即电控机械式驻车制动器控制单元（图4-4-2）。电控机械式驻车制动器控制单元J540位于车内中控台区域。在中控台中进行所有对电控机械式驻车制动器的启动和诊断。电控机械式驻车制动器控制单元有2个处理器，并且通过一个专用CAN数据总线与ABS控制单元联网。

电控机械式驻车制动器控制单元中集成了一个传感器串，它包括横向加速度传感器、纵向加速度传感器以及行驶偏转传感器。传感器串的信号不仅用于电控机械式驻车制动器，还用于ESP调节功能。从纵向加速度传感器信号可以推算出倾侧角。

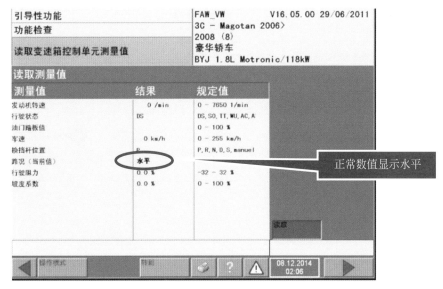

图 4-4-1　变速箱数据流

图 4-4-2　J540 电控机械式驻车制动器控制单元

h. 读取 ABS 数据流（图 4-4-3 和图 4-4-4）。

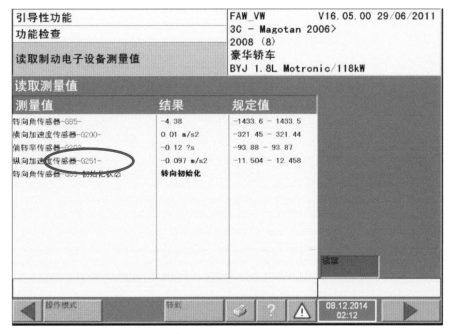

图 4-4-3　正常车数据流

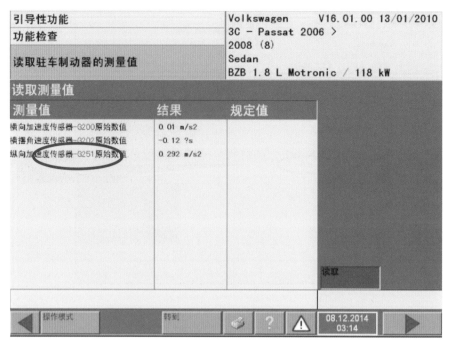

引导性功能 功能检查	Volkswagen V16.01.00 13/01/2010 3C - Passat 2006 > 2008（8）
读取驻车制动器的测量值	Sedan BZB 1.8 L Motronic / 118 kW

读取测量值

测量值	结果	规定值
横向加速度传感器-G200原始数值	0.01 m/s2	
横摆角速度传感器-G202原始数值	-0.12 ?s	
纵向加速度传感器-G251原始数值	0.292 m/s2	

操作模式   转到   08.12.2014
                                  03:14

图 4-4-4　故障车数据流

i. 断开 J540，反复试车，故障不再重现，更换 J540 后故障排除。

❻ 故障原因分析。

a. 影响变速箱控制器升挡主要因素为发动机转数、节气门开度、油门踏板位置、发动机输出转矩、自动变速箱的输出转矩和车速等。

b. 迈腾车还采用纵向加速度传感器来采集道路情况，若传感器误报信息会导致变速箱逻辑出现错误，导致错误的换挡。

❼ 故障处理方法。

更换 J540 电控机械式驻车制动器控制单元。

❽ 案例点评及建议。

在故障诊断过程中，经常会遇到一些电脑未报故障码，但车辆确实存在该故障。在排除思路中不可以排除控制单元故障，把故障原因错误地分析为在正常工况下工作，而导致控制单元未报故障码。在维修故障中不可一味换件处理，要打破惯性思维，了解控制原理及结合实际车况对控制单元分析。

扫一扫

视频精讲

第五章
万向传动装置

第一节　万向传动装置的结构与工作原理

1. 概述

　　万向传动装置（图 5-1-1）一般由万向节和传动轴组成。对于传动距离较远的分段式传动轴，为了提高传动轴的刚度，还要设置中间支承。万向传动装置的作用是在轴线相交且相对位置经常发生变化的两根转轴之间传递动力。

图 5-1-1　万向传动装置

扫一扫

视频精讲

2. 万向传动装置的组成

　　万向传动装置一般由万向节、前后传动轴、中间支承等组成（图 5-1-2）。

3. 传动轴的功用与结构

　　传动轴（图 5-1-3）是万向传动装置中的主要传力部件，在前置后轮驱动的乘用车和大部分的载货车中，传动轴通常制成整体式，用于连接变速器（或分动器）和驱动桥。

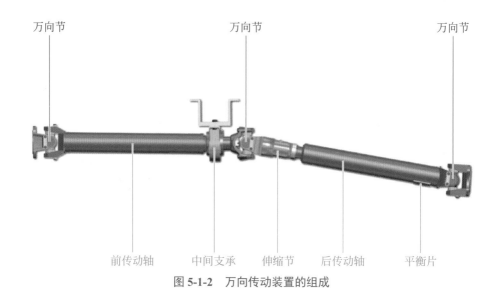

图 5-1-2　万向传动装置的组成

在前置前轮驱动的汽车中，传动轴通常制成分段式，用在转向驱动桥和断开式驱动桥中，用于连接差速器和驱动轮，这种传动轴通常也被称为半轴（图 5-1-4）。

图 5-1-3　传动轴（整体式）　　　　　图 5-1-4　传动轴（分段式）

半轴是在差速器与驱动轮之间传递动力的实心轴，其内端花键与差速器的半轴齿轮相连接，而外端则用凸缘与驱动轮的轮毂相连接，半轴齿轮的轴颈支承在差速器壳两端轴颈的孔内，而差速器壳又以其两侧轴颈借助轴承直接支承在主减速器壳上。

4. 万向节的功用与结构

万向节是实现转轴之间变角度传递动力的基本部件，其按速度特性可分为不等速万向节（常用的是十字轴式）、准等速万向节（球面滚轮式）、等速万向节（球笼式）。十字轴式刚性万向节主要用于发动机前置后轮驱动的变速器与驱动桥之间，准等速万向节和等速万向节主要用于发动机前置前轮驱动的内、外半轴之间。

以下对两种不同类型的万向节——球面滚轮式万向节（安装在驱动桥侧）和球笼式万向节（安装在车轮侧）进行介绍。

（1）球面滚轮式万向节

球面滚轮式万向节（图 5-1-5）由防尘罩、三销架、内侧万向节总成等组成。

球面滚轮式万向节是一种较为广泛的准等速万向节。安装在与万向节轴制成一体的三根销轴上的球面滚轮，可沿与另一万向节轴相连的筒状体的三个轴向槽移动，起到伸缩花键的作用。

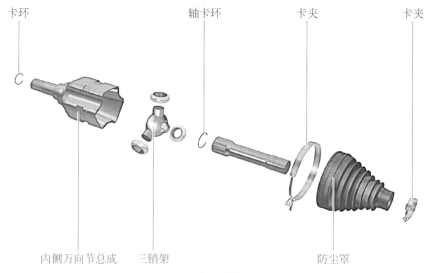

卡环　　　　　　　　轴卡环　　　　卡夹　　　　卡夹

内侧万向节总成　　三销架　　　　　防尘罩

图 5-1-5　球面滚轮式万向节

（2）球笼式万向节结构

球笼式万向节（图 5-1-6）的星形套以内花键与主动轴相连，其外表有 6 条凹槽，形成内滚道。球形壳的内表面有相应的 6 条凹槽，形成外滚道。6 个传力钢球分别装在各条凹槽中，并由保持架使之保持在一个平面内。动力由主动轴经传力钢球、球形壳输出。

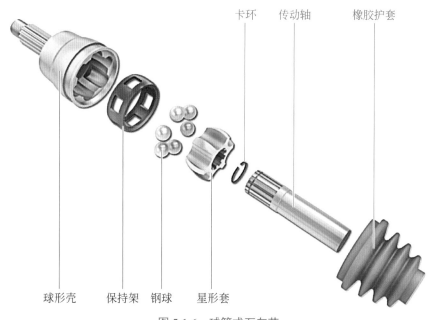

卡环　　传动轴　　橡胶护套

球形壳　　保持架　　钢球　　星形套

图 5-1-6　球笼式万向节

5. 防尘套

防尘套（图 5-1-7）大量应用于汽车等速万向节中，用于存储润滑脂并防止杂物如泥沙等进入万向节腔内，也称橡胶护套和防尘罩。由于万向节的工作环境恶劣，经常受到温度变

图 5-1-7 防尘套

化影响、空气腐蚀、雨水侵蚀及其高速旋转的作用，容易损坏变质，因此要求防尘套具有：抗老化能力、抗疲劳能力、耐介质性能、抗变形能力等。防尘套一旦损坏，灰尘、雨水、泥沙就有可能进入，这将严重影响万向节的传动性能。

6. 十字轴式刚性万向节的结构与润滑

两个万向节叉套在十字轴的两对轴颈上，这样当主动轴转动时，从动轴既可以随之转动，又可绕十字轴中心在任意方向摆动。为了减少摩擦损失，提高传动效率，在十字轴轴颈和万向节叉空间装有由滚针和套筒组成的滚针轴承。然后用螺钉和轴承盖将套筒固定在万向节叉上，并用锁片将螺钉锁紧，以防止轴承在离心力作用下从万向节叉内脱出。为了润滑轴承，十字轴做成中空的，并有油路通向轴颈。润滑油从注油嘴注入十字轴内腔。为避免润滑油流出及尘垢进入轴承，在十字轴的轴颈上套有装在金属座圈内的毛毡油封。在十字轴的中部还装有带弹簧的安全阀。如果十字轴内腔的润滑油压力大于允许值，安全阀就会被顶开，润滑油外溢，使油封不致因油压过高而损坏（图 5-1-8）。

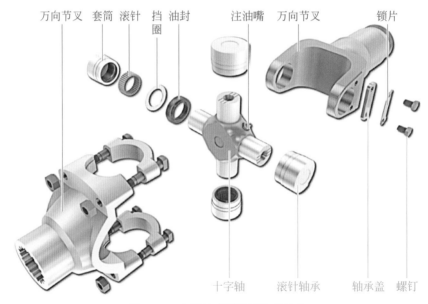

图 5-1-8 十字轴式刚性万向节结构

第二节 万向传动装置的检修

（1）传动轴

传动轴的主要损伤形式有弯曲、凹陷或裂纹等，其导致的常见故障现象是汽车在行驶中发出周期性的响声，且响声随着速度的增大而增大，甚至还可能伴随着车身的振动。

传动轴检修主要包含以下内容。

❶ 检查传动轴轴管是否有裂纹及严重的凹陷，如有，应更换传动轴。

❷ 检查传动轴是否弯曲变形，如有，应更换传动轴。

检查传动轴时可用 V 形铁架起传动轴，使其水平，而后旋转，用百分表在轴的中间部位进行测量。其径向跳动公差应符合规定（表 5-2-1），否则应更换或校正传动轴。

表 5-2-1　传动轴轴管的径向跳动公差　　　　　　　　　　　　　　　　　　单位：mm

轴长	≤ 600	600 ~ 1000	> 1000
径向跳动公差	0.60	0.80	1.00

❸ 检查中间传动轴支承轴颈的径向圆跳动。

径向圆跳动的公差不应超过 0.10mm，否则应更换或镀铬修复或予以更换。

❹ 检查传动轴花键与滑动叉花键、凸缘叉与所配合花键的间隙。

对于轿车，应不大于 0.15mm；对于其他类型的汽车，应不大于 0.30mm，装配后应能滑动自如。若超过限值，应更换传动轴或滑动叉。

（2）万向节、防尘罩

万向节的主要损伤形式是磨损、锈蚀及松旷，其导致的常见故障是汽车起步或突然改变车速时传动轴发出"吭"的响声，在汽车缓行时，发出"咣当、咣当"的响声。万向节（以球笼式万向节为例）、防尘罩的检修主要包含以下内容。

❶ 检查球笼是否锈蚀，沟槽是否有严重的磨损，如有则应更换万向节。

❷ 检查钢球表面是否光滑、色泽明亮，如出现麻点、球面灰暗等情况，应更换万向节。

❸ 检查防尘罩是否完好无损，如出现破损，则应更换防尘罩。

（3）中间支承

中间支承的常见损伤形式是橡胶老化和轴承磨损，其导致的常见故障现象是传动轴的振动和异响等。中间支承的检修主要包含以下内容。

❶ 检查中间支承轴承的旋转是否灵活，油封和橡胶衬垫是否损坏，如有异常应更换中间支承。

❷ 检查中间支承轴承的松旷程度，分解后可进一步检查轴承的轴向和径向间隙是否符合原厂规定，如出现松旷或间隙不符合规定等情况，应更换中间支承。

第三节　万向传动装置的拆装流程

❶ 拧出主销上的螺母（图 5-3-1 中箭头所示）。

❷ 从主销中脱出摆臂。

❸ 拧下法兰轴 / 变速箱的传动轴（图 5-3-2 中箭头所示）。

❹ 将车轮轴承罩向左转到底。

❺ 从轮毂中拉出传动轴。

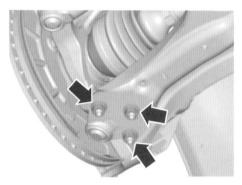

图 5-3-1　拧出主销上的螺母

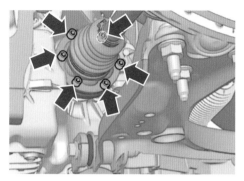

图 5-3-2　拧下法兰轴 / 变速箱的传动轴

> 🔧 **注意**
>
> 　　如果无法从车轮轴承中拉出传动轴，可以用压具 F3283T1 从车轮轴承中压出传动轴。

❻ 使用压具 F3283T1 压出传动轴。

❼ 取出传动轴（图 5-3-3）。

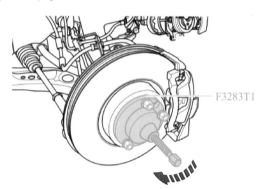

F3283T1

图 5-3-3　取出传动轴

❽ 安装以倒序进行。

❾ 在将外万向节装入轮毂前给外万向节上的花键薄薄地涂抹装配膏。

第四节　传动轴的拆装流程

1. 检查传动轴

（1）检查传动轴等速万向联轴器密封情况

如防尘套破损，将使尘土等污染物进入万向联轴器内，导致万向联轴器异常磨损而早期损坏。因此，在汽车维护时应认真检查传动轴防尘套是否破损，发现传动轴防尘套破损时，应拆检万向联轴器以确定是否需要更换。传动轴分解如图 5-4-1 所示。

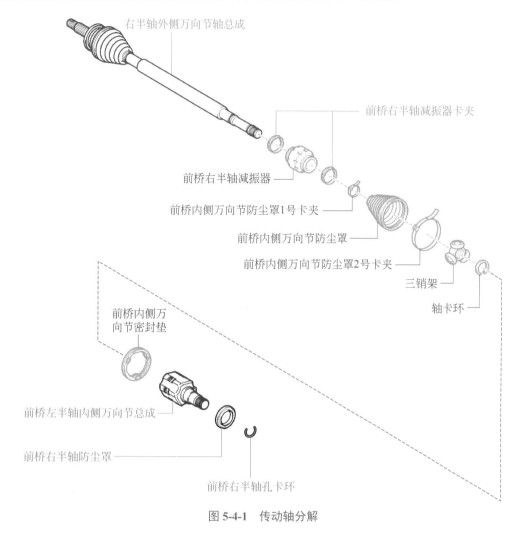

右半轴外侧万向节轴总成

前桥右半轴减振器卡夹

前桥右半轴减振器

前桥内侧万向节防尘罩1号卡夹

前桥内侧万向节防尘罩

前桥内侧万向节防尘罩2号卡夹

三销架

轴卡环

前桥内侧万向节密封垫

前桥左半轴内侧万向节总成

前桥右半轴防尘罩

前桥右半轴孔卡环

图 5-4-1　传动轴分解

（2）检查传动轴的技术状况

传动轴在使用中如果出现异响，通常为万向联轴器缺少润滑油、万向联轴器内球及球轨道磨损等原因所造成的。应拆检传动轴，必要时更换万向联轴器。

2. 更换传动轴防尘套

（1）拆卸传动轴

❶ 拆卸前轮。

❷ 拆卸发动机 1 号底罩。

❸ 拆卸发动机后部右侧底罩。

❹ 拆卸发动机后部左侧底罩。

⑤ 排净变速箱油液。

⑥ 拆卸前桥轮毂螺母。

⑦ 分离前稳定杆连杆总成。

⑧ 分离前轮转速传感器。

⑨ 分离前挠性软管。

⑩ 分离左前盘式制动器制动钳总成。

⑪ 拆卸前制动盘。

⑫ 分离横拉杆接头分总成。

⑬ 分离前悬架下臂。

⑭ 拆卸前桥总成。

⑮ 拆卸前桥左半轴总成。

使用专用工具，拆下前桥左半轴（图 5-4-2）。

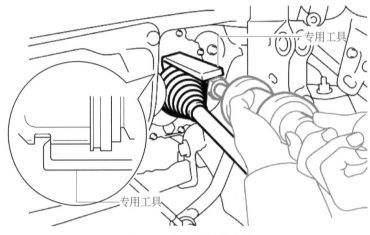

图 5-4-2　拆下前桥左半轴

（2）拆解传动轴

❶ 拆卸前桥内侧万向节防尘罩 2 号卡夹。

用螺丝刀松开防尘套卡夹的锁紧部件并分离防尘套卡夹（图 5-4-3）。

❷ 拆卸前桥内侧万向节防尘套卡夹。

用螺丝刀松开防尘套卡夹的锁紧部件并分离防尘套卡夹（图 5-4-4）。

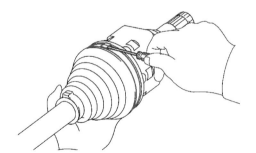 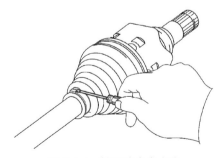

图 5-4-3　拆卸防尘罩　　　　　　　图 5-4-4　松开防尘套卡夹

❸ 分离前桥内侧万向节防尘套。

将内侧万向节防尘套从内侧万向节密封垫上分离。

❹ 拆卸前桥左半轴内侧万向节总成。

a. 清除内侧万向节上的所有旧润滑脂。

b. 在内侧万向节和外侧万向节轴上做好装配标记（图 5-4-5）。

c. 将内侧万向节从外侧万向节轴上拆下。

d. 在台钳上的两个铝板之间夹住外侧万向节轴。

e. 使用卡环扩张器，拆下轴卡环（图 5-4-6）。

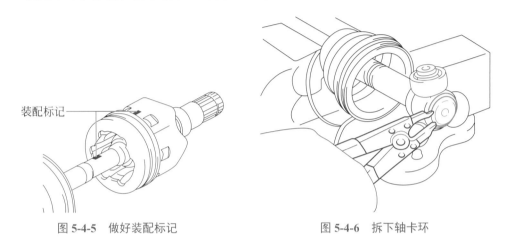

图 5-4-5　做好装配标记　　　　　　图 5-4-6　拆下轴卡环

f. 在外侧万向节轴和三销架上设置装配标记（图 5-4-7）。

g. 用铜棒和锤子从外侧万向节轴上敲出三销架。

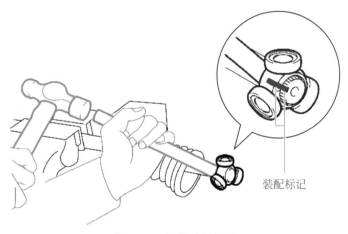

图 5-4-7　设置装配标记

❺ 拆卸前桥右半轴内侧万向节总成。

❻ 拆卸前桥内侧万向节密封垫。

将内侧万向节密封垫从内侧万向节上拆下（图 5-4-8）。

❼ 拆卸前桥内侧万向节防尘套。

拆下内侧万向节防尘套、内侧万向节防尘套 2 号卡夹和内侧万向节防尘套卡夹。

图 5-4-8　拆下内侧万向节密封垫

⑧ 拆卸前桥外侧万向节防尘套 2 号卡夹（右侧）。

用螺丝刀松开防尘套卡夹的锁紧部件并拆下防尘套卡夹（图 5-4-9）。

⑨ 拆卸前桥外侧万向节防尘套卡夹（左侧）。

用螺丝刀松开防尘套卡夹的锁紧部件并拆下防尘套卡夹（图 5-4-10）。

⑩ 拆卸左前桥外侧万向节防尘套（左侧）。

a. 从外侧万向节轴上拆下外侧万向节防尘套。

b. 清除外侧万向节上的所有旧润滑脂。

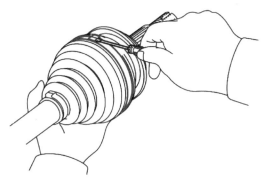

图 5-4-9　松开防尘套卡夹（右侧）

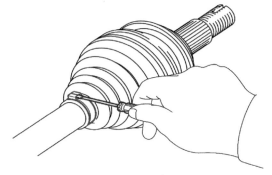

图 5-4-10　松开防尘套卡夹（左侧）

⑪ 拆卸前桥左半轴孔卡环。

用螺丝刀拆下孔卡环（图 5-4-11）。

⑫ 拆卸前桥左半轴防尘罩。

使用专用工具和压力机，压出半轴防尘罩（图 5-4-12）。

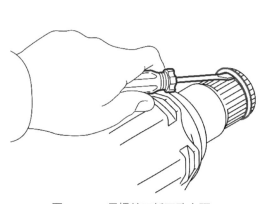

图 5-4-11　用螺丝刀拆下孔卡环

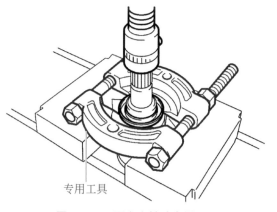

专用工具

图 5-4-12　压出半轴防尘罩

（3）组装传动轴

❶ 安装前桥左半轴防尘罩。

使用专用工具和压力机，压进一个新的半轴防尘罩。

❷ 安装前桥左半轴孔卡环。

安装一个新的孔卡环。

❸ 安装左前桥外侧万向节防尘套（左侧）（图 5-4-13）

a. 用保护性胶带缠绕外侧万向节轴的花键。

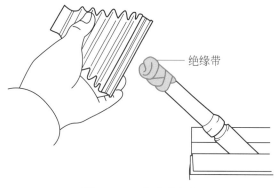

绝缘带

图 5-4-13　安装防尘套

在安装防尘套之前，请用塑料带缠绕驱动轴的花键，以防止防尘套损坏。

b. 按以下顺序，将新零件安装到外侧万向节轴上。

· 2 号外侧万向节防尘套卡夹。

· 外侧万向节防尘套。

· 外侧万向节防尘套卡夹。

c. 用防尘套维修组件中的润滑脂涂抹外侧万向节轴和防尘套。标准润滑脂容量：135 ～ 145g。

d. 将外侧万向节防尘套安装在外侧万向节轴槽上。

❹ 安装前桥外侧万向节防尘套 2 号卡夹（左侧）。

a. 将防尘套卡夹安装到外侧万向节防尘套上并暂时将杆折回（图 5-4-14）。

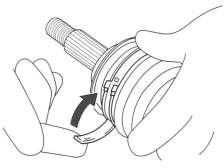

图 5-4-14　安装防尘套卡夹（1）

小心

· 将杆正确地安装至导槽，将卡夹安装至车辆内侧尽可能远处；

· 将杆折回前，检查箍带和杆是否有变形。

b. 朝工作面按压外侧万向节，同时把身体重量倚靠到手上并向前转动外侧万向节。转动外侧万向节并折叠杆直至听到"咔嗒"声（图 5-4-15）。

c. 调整杆和槽之间的间隙以使锁扣边缘和杆端之间的间隙均匀，同时用塑料锤敲击锁扣将其固定（图 5-4-16）。

❺ 安装前桥外侧万向节防尘套卡夹（左侧）

a. 将防尘套卡夹安装到外侧万向节防尘套上并暂时将杆折回（图 5-4-17）。

小心

· 将杆正确地安装至导槽；

· 将杆折回前，检查箍带和杆没有变形。

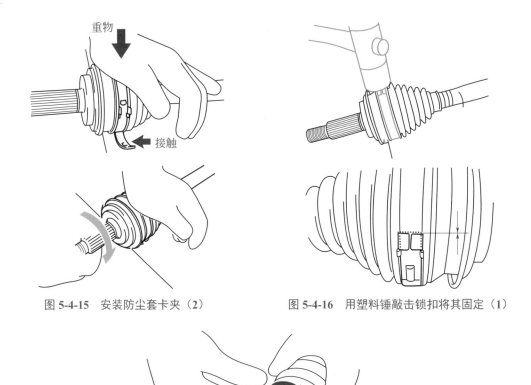

图 5-4-15　安装防尘套卡夹（2）　　　　　图 5-4-16　用塑料锤敲击锁扣将其固定（1）

图 5-4-17　安装外侧万向节防尘套卡夹

b. 用水泵钳子，捏住防尘套卡夹，暂时将其固定（图 5-4-18）。

c. 调整杆和槽之间的间隙以使锁扣边缘和杆端之间的间隙均匀，同时用塑料锤敲击锁扣将其固定（图 5-4-19）。

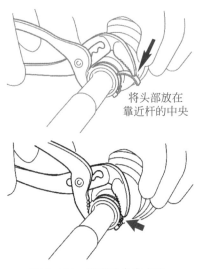

图 5-4-18　捏紧防尘套卡夹

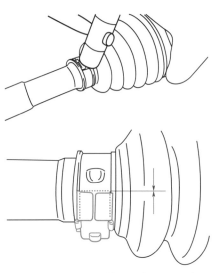

图 5-4-19　用塑料锤敲击锁扣将其固定（2）

❻ 暂时安装前桥内侧万向节防尘套。

a. 用塑料带缠绕外侧万向节轴的花键，以防止防尘套损坏。

在安装防尘套之前，请用塑料带缠绕驱动轴的花键，以防止防尘套损坏。

b. 按以下顺序，将新零件安装到外侧万向节轴上。

· 内侧万向节防尘套卡夹。

· 内侧万向节防尘套。

· 2 号内侧万向节防尘套卡夹。

❼ 安装前桥内侧万向节密封垫（图 5-4-20）。

将一个新的内侧万向节密封垫安装到内侧万向节槽上。

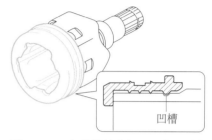

图 5-4-20　安装前桥内侧万向节密封垫

❽ 安装前桥左半轴内侧万向节总成。

a. 使三销架轴向花键的斜面朝向外侧万向节。

b. 在拆卸之前，对准做好的装配标记（图 5-4-21）。

c. 用铜棒和锤子，把三销式万向节敲进驱动轴（不要敲击滚子）。

d. 用防尘套维修组件中的润滑脂涂抹内侧万向节轴和防尘套。标准润滑脂容量：175 ～ 185g。

e. 使用卡环扩张器，安装一个新的半轴卡环（图 5-4-22）。

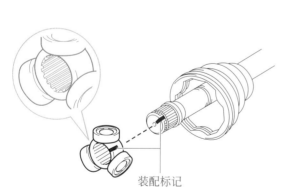

装配标记

图 5-4-21　按装配标记安装

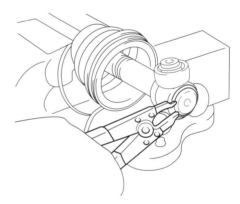

图 5-4-22　安装一个新的半轴卡环

f. 对准装配标记（图 5-4-23），将内侧万向节安装至外侧万向节轴。

❾ 安装前桥内侧万向节防尘套卡夹。

❿ 安装前桥内侧万向节防尘套 2 号卡夹。

a. 将防尘套卡夹安装到内侧万向节防尘套上（图 5-4-24）。

b. 保持尺寸在规定长度内，同时将内侧万向节密封垫的凹陷部位拉出，使内侧万向节的内部暴露在大气压力下。

c. 将杠杆支点设置在任意 A 点处并暂时弯曲杠杆（图 5-4-25）。

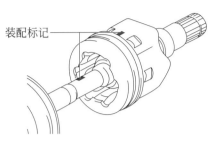

图 5-4-23　对准装配标记

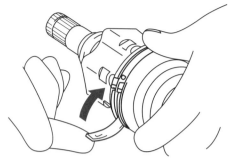

图 5-4-24　安装卡夹

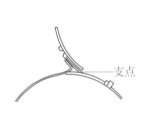

(a) 防尘套卡夹

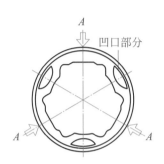

(b) 内侧万向节密封垫

图 5-4-25　安装要点

小心

- 执行该操作时，内侧万向节的内部必须保持在大气压力下；
- 将杠杆正确地安装至导槽，将卡夹尽可能靠近车辆内侧安装；
- 将杠杆折回前，检查箍带和杠杆是否有变形。

　　d. 朝工作面按压内侧万向节，同时把身体重量集中到手上并向前转动内侧万向节。转动内侧万向节并折起杠杆直至听到"咔嗒"声。

　　e. 调整杆和槽之间的间隙以使锁扣边缘和杆端之间的间隙均匀，同时用塑料锤敲击锁扣将其固定。

（4）安装传动轴

❶ 安装前桥左半轴总成。

a. 在内侧万向节轴花键上涂齿轮油。

b. 对准轴花键，用铜棒和锤子敲进驱动轴（图 5-4-26）。

小心

　　使开口侧向下安装卡环；不要损坏油封、防尘套和防尘罩。

❷ 安装前桥右半轴总成。

❸ 安装前桥总成。

❹ 安装前悬架下臂。

❺ 安装前稳定杆连杆总成。

❻ 连接横拉杆接头分总成。

❼ 安装前制动盘。

❽ 安装前盘式制动器制动钳总成。

❾ 安装前挠性软管。

❿ 安装前轮转速传感器。

⓫ 安装前桥轮毂螺母。

a. 用非残留性溶剂清洁驱动轴上的带螺纹零件和车桥轮毂螺母。

b. 使用套筒扳手（30mm），安装新的车桥轮毂螺母。

扭矩：216N·m。

c. 用冲子和锤子，锁紧前桥轮毂螺母（图5-4-27）。

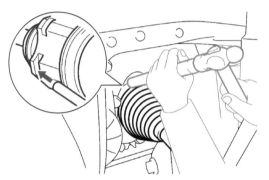

图 5-4-26　用铜棒和锤子敲进驱动轴

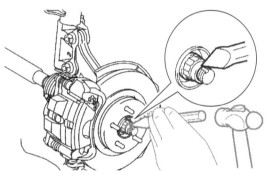

图 5-4-27　锁紧前桥轮毂螺母

⓬ 加注变速箱油。

⓭ 安装前轮。

扭矩：103N·m。

⓮ 检查并调整前轮定位。

⓯ 检查转速传感器信号。

⓰ 安装发动机后部左侧底罩。

⓱ 安装发动机后部右侧底罩。

⓲ 安装发动机底罩。

扫一扫

视频精讲

第六章
驱动桥

第一节　驱动桥的结构与工作原理

1. 概述

　　驱动桥（图 6-1-1）是汽车传动系统的最后一个总成，发动机的动力经过离合器、变速器、万向传动装置传到驱动桥。动力传到驱动桥后，首先传到主减速器，在这里将转矩放大并降低转速后，经差速器分配给左右半轴，最后通过半轴外端的凸缘传到驱动车轮的轮毂。

图 6-1-1　驱动桥

2. 驱动桥的结构与功用

　　驱动桥一般由主减速器、差速器等组成（图 6-1-2），驱动桥的主要零部件都装在驱动桥的桥壳中。

　　驱动桥将万向传动装置输入的动力经降速增矩、改变动力传动方向后，通过左右半轴分配到左右驱动轮，使汽车行驶，并允许左右驱动轮以不同的转速旋转。

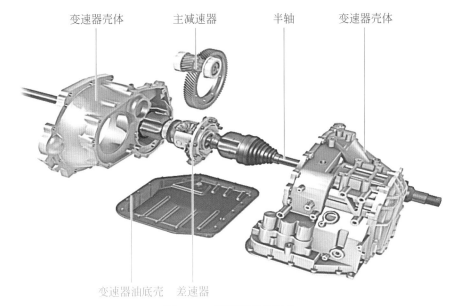

变速器壳体　　主减速器　　半轴　　变速器壳体

变速器油底壳　　差速器

图 6-1-2　轿车驱动桥结构

3. 主减速器的功用与结构

　　主减速器的功用是将输入的转矩增大并相应降低转速，以及当发动机纵置时还具有改变转矩旋转方向的作用。主减速器按参加减速传动的齿轮副数目分，有单级式主减速器和双级式主减速器两种。目前常用的主减速器为单级式主减速器，以下对此种主减速器进行介绍。

　　单级主减速器主要由主减速器主动齿轮、主减速器从动齿轮、轴承、油封等组成（图 6-1-3）。

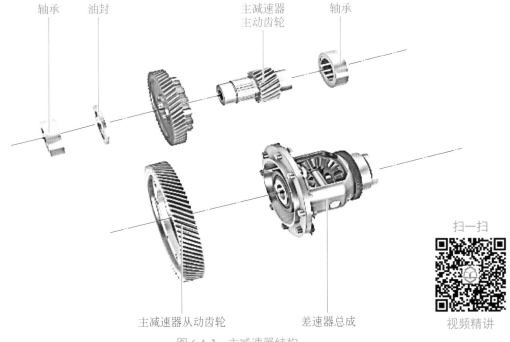

轴承　　油封　　主减速器主动齿轮　　轴承

主减速器从动齿轮　　差速器总成

扫一扫

视频精讲

图 6-1-3　主减速器结构

4. 差速器的功用与结构

差速器的功用是当汽车转弯行驶或在不平路面上行驶时，使左右驱动车轮以不同的角速度滚动，以保证两侧驱动轮与地面间做纯滚动运动。差速器主要由差速器外壳、行星齿轮及半轴齿轮组成（图6-1-4）。

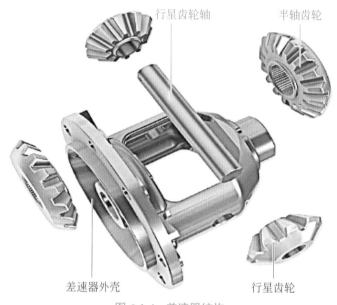

图 6-1-4　差速器结构

5. 驱动桥壳的功用

驱动桥壳既是传动系统的组成部分，也是行驶系统的组成部分。作为传动系统的组成部分，其功用是安装并保护主减速器、差速器和半轴。作为行驶系统的组成部分，其功用是安装悬架或轮毂，和从动桥一起支承汽车悬架以上各部分重量，承受驱动轮传来的反力和力矩，并在驱动轮与悬架之间传力（图6-1-5和图6-1-6）。

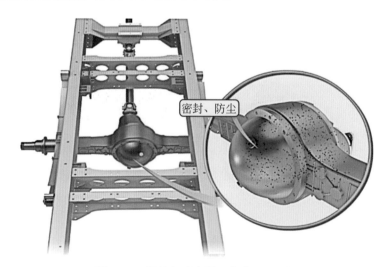

图 6-1-5　保护主减速器、差速器和半轴

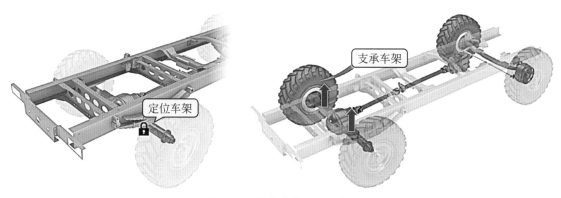

图 6-1-6　轴向定位、支承车架

6. 驱动桥壳的类型

按悬架结构不同，驱动桥可分为整体式驱动桥和分段式驱动桥两种，桥壳也分为整体式桥壳和分段式桥壳两种。

（1）整体式桥壳

整体式驱动桥采用非独立悬架，其驱动桥壳为一个刚性的整体，两端通过悬架与车架连接。左右半轴始终在一条直线上，行驶时左右驱动轮不能相互独立地跳动，整个车桥和车身随着路面的凹凸变化而发生倾斜。

整体式桥壳一般采用铸造方式制成，具有较大的强度和刚度，便于主减速器的拆装和调整（图 6-1-7）

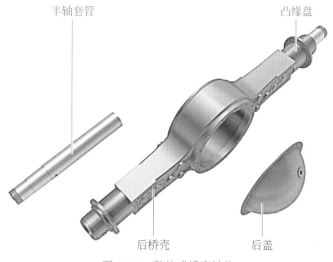

图 6-1-7　整体式桥壳结构

（2）分段式桥壳

分段式驱动桥采用独立悬架，其主减速器固定在车架上，驱动桥壳分段制成并用铰链连接。半轴也分段制成并用万向节连接。驱动桥两端分别与悬架和车架连接。这样，两侧的驱动轮及桥壳可以彼此独立地相对于车架或车身上下跳动。

分段式桥壳一般由两段组成，由螺栓将其连成一体（图 6-1-8）。

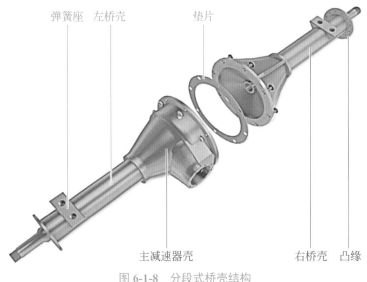

图 6-1-8　分段式桥壳结构

第二节　驱动桥的检修

驱动桥的常见故障有异响、漏油、发热等，主要是由齿轮的腐蚀磨损、啮合间隙不当、轴承损伤变形等原因造成的。驱动桥的常见故障检修如下所述。

（1）驱动桥异响检修

如果汽车在行驶中发出"嗷嗷"的响声，则可能是某齿轮齿隙过小所致，应用测量工具检测齿隙大小确认故障点；如果汽车在行驶中发出"咣当、咣当"的撞击响声，一般是齿轮啮合间隙过大所致，也需通过测量齿隙大小确认故障点。

汽车在行驶中，如车速越快响声越大，而滑行时响声减小或消失，一般是由于主减速器轴承损伤或齿轮啮合不良造成的，应视情况进行调整或更换；如果滑行时声响不减弱，说明主减速器的主动锥齿轮轴承、差速器轴承松旷，或主、从动锥齿轮的轮齿损坏、啮合间隙过小，应视情况进行调整或更换（图 6-2-1）。

图 6-2-1　轴承损伤、齿轮损坏

在踏下加速踏板时汽车行驶正常，在放松加速踏板的过程中发出"呜呜"的响声，而匀速行驶时此响声消失，一般是由于主动锥齿轮凸缘紧固螺母松旷造成的，应视情况进行紧固或更换。

汽车行驶中驱动桥处有剧烈响声，则多是由主减速器齿面磨损或腐蚀造成的，应视情况进行更换（图 6-2-2）。

图 6-2-2 齿面磨损、齿面腐蚀

汽车转弯时发出"咔叽、咔叽"的响声，低速直线行驶时也能听到一点，而车速升高后响声即消失，一般是差速器行星齿轮啮合间隙过大或行星齿轮轮齿、半轴齿轮轮齿及键槽磨损所致，应视情况进行更换。

（2）驱动桥漏油检修

驱动桥漏油现象主要出现在驱动桥输入法兰、轮边支撑轴、驱动桥壳体、衬垫以及油口螺塞处。漏油的原因通常比较简单，如下所示。

❶ 加油口、放油口处的螺塞松动或损坏，螺塞密封垫损坏或缺失。

❷ 油封老化磨损，或油封轴颈磨成沟槽（图 6-2-3）。

图 6-2-3 油封颈磨损

❸ 接合平面变形，密封衬垫太薄、硬化或损坏，紧固螺钉松动或损坏，均会造成漏油。

❹ 通气孔堵塞，造成桥内压力升高，油会从接合面处、油封处渗出。

❺ 润滑油油量超过规定界面时，油会自动溢出。

❻ 桥壳有铸造缺陷或裂纹。

所以，驱动桥漏油的检修重点是检查壳体是否有裂纹或铸造缺陷，若有应更换壳体；检查通气塞是否畅通，若堵塞，应清洗、疏通；查看润滑油油量和润滑油质量，酌情调整或更换；检查漏油处油封、衬垫、结合平面是否磨损；检查螺栓、螺母是否松动，并进行更换和拧紧。

（3）驱动桥过热检修

驱动桥整体过热主要是由驱动桥润滑油不足或使用劣质齿轮油，主、从动齿轮啮合间隙过小等引起的；而驱动桥局部过热主要是由轴承装配过紧、油封过紧等引起的。所以，驱动桥过热检修的重点是根据受热情况进行判断。

如果油封部位过热，则可能是油封过紧引起的；如果轴承处过热，则故障是轴承损坏或调整不当引起的；如果油封和轴承处均不过热，则故障是止推垫片或止退螺栓装配过紧引起的。

如果驱动桥普遍过热，则应先检查润滑油的油量和品质，并做相应调整；如果润滑油没有问题，则检查主减速器和轮边减速器的齿轮啮合间隙的大小、行星齿轮与半轴齿轮啮合间隙大小，并做相应调整。

第七章
行驶系统

第一节　轮胎的认知与检修

1. 车轮的作用

车轮与轮胎是汽车行驶系统中的重要部件，它们的功用是：支承整车；缓和由路面传来的冲击力；通过轮胎与路面间存在的附着力来产生驱动力和制动力；汽车转弯行驶时产生平衡离心力的侧抗力，在保证汽车正常转向行驶的同时，通过车轮产生的自动回正力矩，使汽车保持直线行驶方向；承担越障和起到提高通过性的作用等（图 7-1-1）。

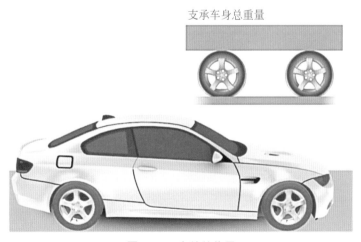

支承车身总重量

图 7-1-1　车轮的作用

2. 轮胎类型

轮胎按车种分类，可分为 8 种：PC——轿车轮胎；LT——轻型载货汽车轮胎；TB——载货汽车及大客车轮胎；AG——农用车轮胎；OTR——工程车轮胎；ID——工业用车轮胎；

AC——飞机轮胎；MC——摩托车轮胎（图 7-1-2）。

　PC：轿车轮胎　　　　●LT：轻型载货汽车轮胎　●TB：载货汽车及大客车轮胎　●AG：农用车轮胎

　OTR：工程车轮胎　　●ID：工业用车轮胎　　　●MC：摩托车轮胎　　　　　●AC：飞机轮胎

图 7-1-2　轮胎类型

　　汽车轮胎按用途分，可分为载货汽车轮胎和轿车轮胎；而载货汽车轮胎又分为重型、中型和轻型三种。

　　汽车轮胎按胎体结构不同，可分为充气轮胎和实心轮胎。现在汽车绝大多数采用充气轮胎。充气轮胎按组成不同，又分为有内胎轮胎和无内胎轮胎两种。充气轮胎按胎体中帘线排列的方向不同，分为普通斜交轮胎、带束斜交轮胎和子午线轮胎常用的是普通斜交轮胎和子午线轮胎，如图 7-1-3 所示。

3. 子午线轮胎的结构

　　子午线轮胎主要由帘布层、带束层、胎冠、胎肩和胎圈等组成，并以带束层箍紧胎体（图 7-1-4）。

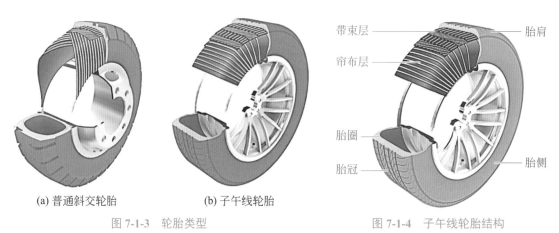

（a）普通斜交轮胎　　（b）子午线轮胎

图 7-1-3　轮胎类型　　　　　　　　　　图 7-1-4　子午线轮胎结构

4. 轮胎规格标记方法

　　轮胎规格标记方法如图 7-1-5 所示，D 为轮胎外径；d 为轮胎内径；H 为轮胎断面高度；B 为轮胎断面宽度。轮胎断面高度 H 与 B 之比称为轮胎的高宽比［以比例（%）表示］，即（H/B）×100%，也称为轮胎的扁平率。通常高宽比为80%、75%、70%、60%、55%等（图7-1-5）。

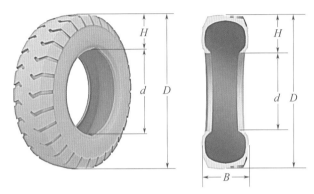

图 7-1-5 轮胎规格标记方法

目前，充气轮胎一般习惯用英制单位表示法，欧洲国家常用米制单位表示法。还有些采用英制和米制单位混用表示，个别国家也用字母作代号来表示轮胎规格尺寸。我国轮胎规格标记主要采用英制单位，也有些用英制和米制单位混合表示。

轿车轮胎规格表示方法，如185/60R1380H，185表示轮胎名义断面宽度（mm）；60表示轮胎名义高宽比；R表示子午线结构代号；13表示轮辋名义直径（in）；80表示负载指数；H表示速度级别代号（表7-1-1）。

表 7-1-1 轮胎速度级别代号

速度级别代号	最高速度	速度级别代号	最高速度
E	70	Q	160
F	80	R	170
G	90	S	180
J	100	T	190
K	110	U	200
L	120	H	210
M	130	W	220
N	140	Y	230
P	150	Z	240

5. 轮胎异常磨损的常见形式与原因

在使用中，轮胎除了正常磨损外，也会由于使用不当而出现不正常磨损（图7-1-6）。

❶ 轮胎的中央部分早期磨损：主要原因是充气量过多。适当提高轮胎的充气量，可以减小轮胎的滚动阻力，节约燃油。但充气量过多时，不但影响轮胎的减振性能，还会使轮胎变形量过大，与地面的接触面积减小，正常磨损只能由胎面中央部分承担，形成早期磨损。

如果在窄轮辋上选用宽轮胎，也会造成中央部分早期磨损。

❷ 轮胎两边磨损过大：主要原因是充气量不足，或长期超负荷行驶。充气量小或负荷重时，轮胎与地面的接触面大，使轮胎的两边与地面接触而形成早期磨损。

❸ 轮胎的一边磨损量过大：主要原因是前轮定位失准。当前轮的外倾角过大时，轮胎的外边形成早期磨损；当前轮的外倾角过小或没有时，轮胎的内边形成早期磨损。

❹ 轮胎胎面出现锯齿状磨损：主要原因是前轮定位不当或前悬架系统位置失常、球头松旷等，使正常滚动的车轮发生滑动或行驶中车轮定位不断变动而形成轮胎锯齿状磨损。

❺ 个别轮胎磨损量大：个别车轮的悬架系统失常、支撑件弯曲或个别车轮不平衡都会造成个别轮胎早期磨损。出现这种情况后，应检查磨损严重车轮的定位情况、独立悬架弹簧和减振器的工作情况，同时应缩短车轮换位周期。

❻ 轮胎出现斑秃形磨损：在轮胎的个别部位出现斑秃性严重磨损的原因是轮胎平衡性差。当不平衡的车轮高速转动时，个别部位受力大，磨损加快，同时转向操纵性能变差。若在行驶中发现在某一个特定速度下有轻微抖动时，就应该对车轮进行平衡，以防出现斑秃形磨损。

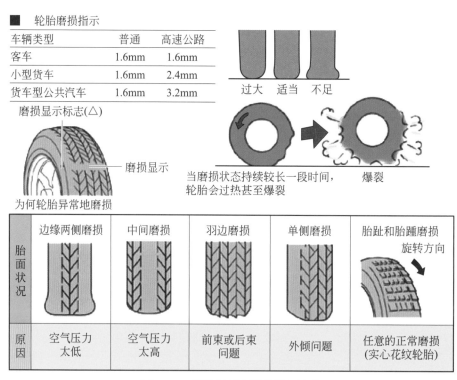

图 7-1-6　轮胎异常磨损的常见形式

6. 轮胎换位

为使轮胎均匀磨损，汽车每行驶 6000 ～ 8000km 应进行轮胎换位，换位要包括备胎（图 7-1-7）。不同规格或不同帘线结构的轮胎不得混合使用，不得使用低于规定层级的轮胎，不许混用窄轮辋或窄轮胎。

两前轮与两后轮交换，前后轮平移这种四轮换位方法的优点很多，前轮的旋转方向没有改变，可以保持很好的操控性和稳定性。前驱车的驱动和转向都是由前轮担负，前轮换位后的旋转方向一致性是保证行车稳定性和良好操控性的关键。后轮只是随动和负重功能，轮胎旋转方向的变化，对于后轮来说影响很小。这样的换位方法可以最高限度地提高操控性和稳定性，同时又能使四轮磨损均匀。经推算，如此的换位顺序，经过四次后，四轮在各个位置都被使用过，第五次开始一个新的换位循环。如果每次换位后，再把前轮做一下动平衡，这是对轮胎最好的保养维护。

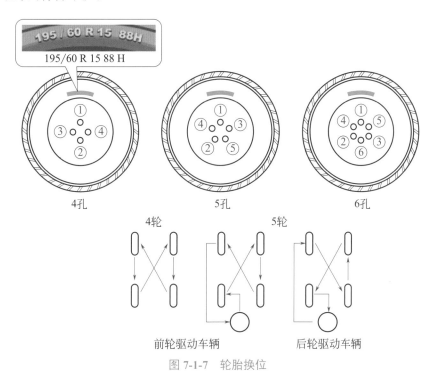

图 7-1-7　轮胎换位

7. 更换车轮轮胎

（1）拆卸和装配轮胎的安全说明和条件

❶ 排放轮胎中的空气，拧出镀镍气门芯（图 7-1-8）。

❷ 在轮胎装配机上用压胎铲压出轮胎时务必注意，轮胎气门（图 7-1-8中箭头所示）必须与压胎铲 1 相对。

扫一扫

视频精讲

 注意

压胎铲与轮辋凸缘的距离不得超过 2cm。

❸ 去除轮辋上的平衡重和大颗污粒。

❹ 沿四周压下两侧轮胎胎圈，同时在轮胎和轮辋边缘之间涂上大量的轮胎装配膏（图 7-1-9 中箭头所示）。

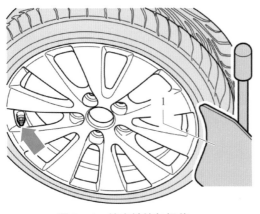

图 7-1-8　拧出镀镍气门芯

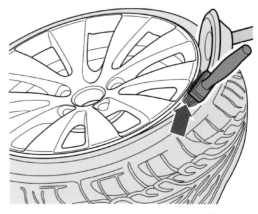

图 7-1-9　涂上大量的轮胎装配膏

（2）拆卸轮胎

注意

装配头不允许位于轮胎充气阀区域 α 内，因为装配头会损坏轮胎充气阀（图 7-1-10）。

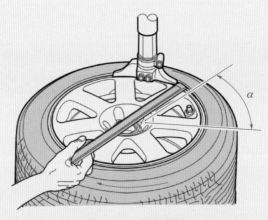

图 7-1-10　拆卸轮胎

❶ 将车轮安装到轮胎装配机上，使轮胎充气阀位于装配头前方。

❷ 将装配头固定在轮胎充气阀附近，以便轮胎撬棍能以大致 30° 的角度从轮胎充气阀附近插入。

❸ 接着，用轮胎撬棍将胎圈撬过装配头上的装配销，再次取下轮胎撬棍。

❹ 顺时针转动轮胎装配机，直到胎圈完全从轮辋凸缘上脱下。

（3）安装轮胎

注意

在更换轮胎时更换轮胎充气阀。

❶ 用轮胎装配膏大量地涂抹轮辋凸缘、胎圈和上部胎圈内侧。

❷ 首先安装轮胎内侧。

❸ 将辐板式车轮安装到轮胎装配机上，并且使轮胎充气阀（图 7-1-11 中左侧箭头）与装配头相对。

❹ 将轮胎压入轮胎充气阀和装配头之间的轮辋凸缘（图 7-1-11 中右侧箭头）内。

> ⚒ **注意**
>
> 检查胎圈在装配头上的位置是否正确，并使装配机能够顺时针转动。

❺ 在轮胎充气阀前侧结束轮胎的安装，以避免损坏轮胎充气阀。这时，胎圈滑过轮辋凸缘。当装配头位于轮胎充气阀前侧时，不允许继续转动车轮。

❻ 为轮胎充气，最大压力为 3.3bar（起跳压力）。

> ⚒ **注意**
>
> 如果胎圈没有完全紧贴辐板式车轮边缘，绝不允许继续升高压力，否则可能造成轮胎或辐板式车轮早期磨损。

❼ 如果胎圈没有完全紧贴辐板式车轮边缘，则排出空气，重新压出胎圈，并再一次用轮胎装配膏大量地涂抹轮辋凸缘。

❽ 再次为轮胎充气，最大压力为 3.3bar（起跳压力）。

❾ 将胎圈完好无损地紧贴在轮辋凸缘上，然后将轮胎充气压力升高至 4bar，用于轮胎"回座"。

❿ 拧入一个新的镀镍气门芯，并调整轮胎充气压力达到规定值。

⓫ 接着平衡车轮。

⓬ 安装车轮，并以规定力矩拧紧。

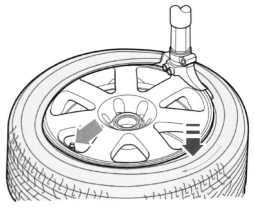

图 7-1-11　安装轮胎

（4）更换车轮

更换车轮，对车轮定心位置进行防锈蚀处理。

❶ 更换车轮时应在车轮定心座上涂上蜡或喷上喷剂，以防车轮定心座与轮辋之间出现锈蚀。

❷ 拆下车轮。

❸ 彻底清洁轮毂上的车轮定心座和轮辋的定心部位。

❹ 用毛刷在定心（图 7-1-12 中箭头）区域涂上蜡。

❺ 安装并拧紧车轮。

（5）更换车轮的装配提示

❶ 检查制动盘接触面（图 7-1-13 中箭头）是否无锈蚀且无污物。

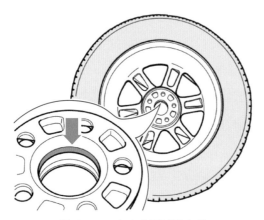

图 7-1-12　在定心区域涂上蜡

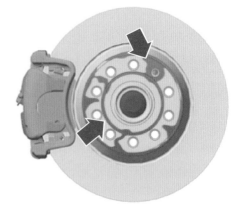

图 7-1-13　检查制动盘接触面

❷ 检查制动盘定心座的接触面（图 7-1-14 中箭头）是否无锈蚀且无污物。

❸ 检查车轮内侧（轮辋）和轮辋定心座的接触面（图 7-1-15 中箭头）是否无锈蚀且无污物。

❹ 车轮螺栓孔内的球冠和车轮螺栓螺纹必须同样无机油、无油脂、无锈蚀且无污渍。

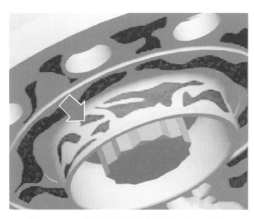

图 7-1-14　检查制动盘定心座的接触面

图 7-1-15　检查轮辋定心座的接触面

❺ 检查车轮螺栓是否可以轻松用手拧入。车轮螺栓的螺纹不得接触制动盘的螺纹孔（图 7-1-16 中箭头）。

如果车轮螺栓的螺纹触碰到螺纹孔，必须相应地转动制动盘。

（6）安装车轮（图 7-1-17）

❶ 对车轮定心座进行防腐处理。

❷ 在车轮装配时将所有的车轮螺栓用手拧入。

❸ 用大约 30 N·m 的力矩交叉拧紧车轮螺栓。

❹ 将车辆四轮着地。用扭力扳手以规定的拧紧力矩交叉拧紧所有车轮螺栓。

拧紧力矩：140 N·m。

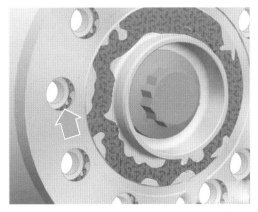

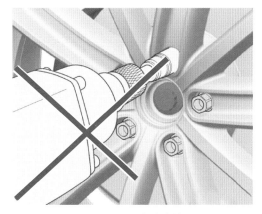

图 7-1-16　车轮螺栓的螺纹不得接触制动盘的螺纹孔　　　图 7-1-17　安装车轮

> ⚒ **注意**
>
> 拧入车轮螺栓时请勿使用气动冲击扳手。

8. 检查车轮动平衡

（1）车轮静不平衡的实质

车轮静不平衡的实质就是车轮的质心和车轮旋转中心不重合（车轮旋转中心：物体围绕转动的中心。质心：物质系统上被认为质量集中于此的一个假想点）。车轮旋转时，M 点产生的离心力 F 可分为 F_x 和 F_y，这个离心力使车轮运转不平衡（图 7-1-18）。

在确保安全的前提下，支起轮轴，调整好轮毂轴承松紧度，用手轻轻转动车轮，使其自然停转。重复上述实验，若车轮始终停止在某一点，则车轮静不平衡，如果每次停止的位置不一样，则车轮静平衡（图 7-1-19）。

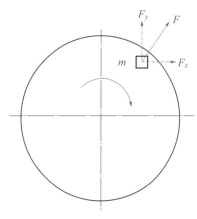

图 7-1-18　车轮不平衡产生的离心力

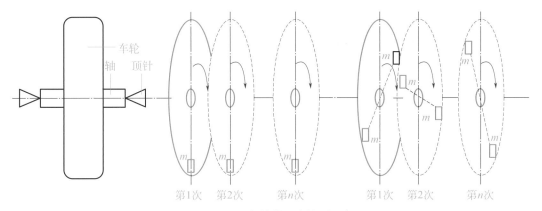

图 7-1-19　车轮静平衡检测示意

（2）车轮动不平衡实质

动平衡或称双面平衡，它影响轮胎和车轮中心线两侧的质量分布。车轮的质量分布相对车轮纵向中心面不对称，使得即使是静平衡的车轮，也可能动不平衡，其实质为车轮旋转时质心的离心力作用点不重合，产生了合力矩。

（3）车轮动不平衡的原因

引起车轮动不平衡的原因主要有以下几种情况：

❶ 车轮定位不当，尤其是前束和车轮外倾角；

❷ 轮胎和轮辋一级挡圈等几何形状失准或密度不均匀而造成先天的质心偏离；

❸ 轮毂和轮辋定位误差使安装中心与旋转中心不重合；

❹ 维修过程的拆装改变了整体综合质心，破坏了原有的良好平衡状态；

❺ 轮辋直径过小，运行中轮胎相对于轮辋在圆周方面滑移，从而发生波状不均匀磨损；

❻ 车轮碰撞造成变形引起的质心位移；

❼ 轮胎翻新中因定位精度不高而造成新胎冠厚度不均匀而质心改变；

❽ 高速行驶中制动抱死而引起的纵向和横向滑移，造成轮胎局部的不均匀磨损。

（4）车轮动不平衡的危害

车轮动不平衡时，不平衡力的水平和垂直分力的大小及方向都在不断变化。垂直分力使车辆产生振动和噪声，影响乘坐舒适性，使驾驶员容易疲劳，容易困倦而发生交通事故；对于转向轮，水平分力的大小和方向的变化，使其对主销中心产生的力矩和方向也随之变化，引起转向轮摆振，影响汽车的操纵稳定性、直线行驶稳定性和行驶安全，加剧轮胎和转向系统机件的磨损，缩短其寿命。

（5）车轮平衡机分类

为了消除车轮动不平衡，车轮在安装之前必须经过专用设备——车轮动平衡机进行动平衡测试，在车轮质量偏小处增加适当的配重，使车轮在高速旋转下保持动平衡。车轮平衡机也称为车轮平衡仪，用于检测车轮的平衡度，按其功能可分为车轮静平衡机和车轮动平衡机两类；按测量方法可分为离车式动平衡机和就车式车轮动平衡机两类（图 7-1-20）。按车轮平衡机转轴的形式可分为软式车轮平衡机和硬式车轮平衡机两类。

(a) 离车式车轮动平衡机　　　　　　　　(b) 就车式车轮动平衡机

图 7-1-20　车轮平衡机

第二节　悬架的认知与检修

1. 悬架的组成与功用

悬架主要由减振弹簧、减振器、横向稳定杆等部分组成（图 7-2-1）。

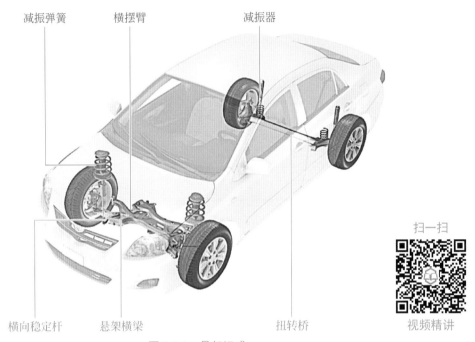

图 7-2-1　悬架组成

减振弹簧的作用是承受并传递垂直载荷，缓和不平路面引起的冲击，使车架（或车身）与车桥（或车轮）之间保持弹性连接。

减振器的作用是迅速衰减振动。导向机构则用于传递除垂直力以外的各种力和力矩，并确定车轮相对于车架（或车身）的运动轨迹。悬架的功用是把路面作用于车轮上的垂直反力（支承力）、纵向反力（驱动力和制动力）和侧向反力以及这些反力所造成的力矩传递到车架（或承载式车身）上，以保证汽车的正常行驶。

归纳起来，悬架的作用主要有三点。

❶ 缓冲减振：弹性连接车架（或车身）与车桥，使振动迅速衰减。

❷ 导向：使车轮按一定轨迹相对车身跳动。

❸ 传力：将车轮所受的垂直反力、纵向反力和侧向力以及这些反力所造成的力矩传递到车架上，保证车辆正常行驶。

2. 悬架的类型

汽车悬架可分为两大类：非独立悬架和独立悬架（图 7-2-2）。

非独立悬架的结构特点是两侧车轮安装在一根整体式车桥上，车轮连同车桥一起通过弹性元件悬挂在车架（或车身）下面。当一侧车轮因路面不平等原因相对车架（或车身）的位置发生变化时（如一侧车轮因道路不平而发生跳动），另一侧车轮的位置也随之发生变化。

独立悬架的结构特点是其车桥都是断开式的，每一侧的车轮可以单独地通过弹性悬架与车架（或车身）连接。当一侧车轮相对于车架（或车身）的位置发生变化时，对另一侧车轮几乎不产生影响。

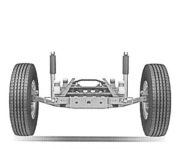
(a) 非独立悬架

(b) 独立悬架

图 7-2-2　悬架类型

3. 麦弗逊式独立悬架的组成和特点

独立悬架的车桥是断开式的，每一侧的车轮可以单独地通过弹性悬架与车架（或车身）连接。常见的独立悬架有：麦弗逊式独立悬架、多连杆式独立悬架和双叉臂式独立悬架等。

麦弗逊式悬架是近年来中级以下轿车使用很广泛的一种悬架，是车轮沿主销移动的悬架的一种。麦弗逊式悬架也称滑柱连杆式悬架，它主要由螺旋弹簧、减振器、半轴、车桥等组成（图 7-2-3）。

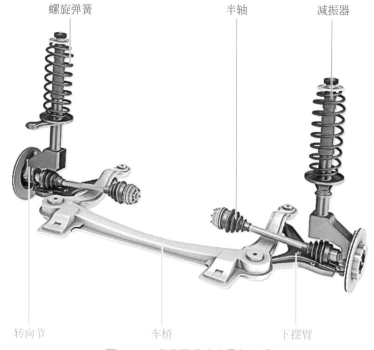

螺旋弹簧　　半轴　　减振器

转向节　　车桥　　下摆臂

图 7-2-3　麦弗逊式独立悬架组成

　　减振器与套在其外面的螺旋弹簧合为一体，构成悬架的弹性支柱。支柱的上端与车身挠性连接，支柱的下端与转向节刚性连接。车轮所受的侧向力通过转向节大部分由横摆臂承受，其余部分由减振器活塞和活塞杆组成。

　　相对于多连杆式独立悬架和双叉臂式独立悬架来说，麦弗逊式独立悬架突出的优点是两前轮内侧的空间比较大，便于发动机及其一些部件的布置；但由于减振器和螺旋弹簧都是对车辆上下的晃动起到支撑和缓冲，对于侧向反力没有提供足够的支撑力度，使得车辆转向侧倾以及刹车点头现象比较明显，增加稳定杆以后有所缓解，但无法从根本上解决问题，并且耐用性不高，减振器容易漏油，需要定期更换。

4. 麦弗逊式独立悬架的工作原理

　　减振器上端支座中心与横摆臂外端下球节中心的连线称为主销轴线。麦弗逊式独立悬架没有传统的主销实体，当车辆在行驶中受到冲击，车轮上下跳动时，减振器的下支点随横摆臂摆动，主销轴线发生变化，车轮沿着摆动的主销轴线而运动。因此，当这种悬架变形时，车轮、主销的倾角和轮距都会有些变化，但合理的杆系布置和调整可以将这些变化控制在很小的范围内。

5. 下摆臂拆装流程

❶ 拧下螺母 1。

❷ 从摆臂 3 中拉出左前车身高度传感器 G78 及右前车身高度传感器 G289 的支架 2（图 7-2-4）。

❸ 拧下下摆臂球头螺母。

❹ 拉出主销中的摆臂。

❺ 旋出下摆臂固定螺栓（图 7-2-5 中箭头）。

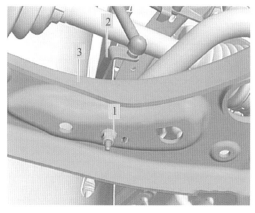

图 7-2-4　拆卸高度传感器

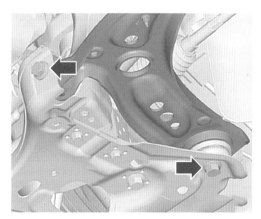

图 7-2-5　旋出下摆臂固定螺栓

❻ 向后翻起摆臂 1，接着从副车架上拔下（图 7-2-6 中箭头）方向。

❼ 安装以倒序进行，必须注意下列事项。

a. 将后摆臂 1 装入副车架中（图 7-2-7 中箭头），接着向前翻起。

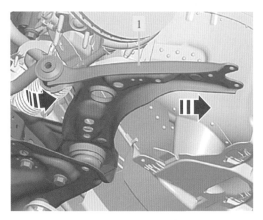

图 7-2-6　取下摆臂

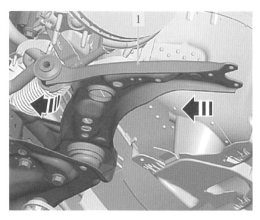

图 7-2-7　安装后摆臂

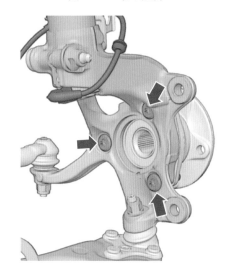

图 7-2-8　拧出螺栓

b. 其余的安装以倒序进行。

6. 车轮轴承拆装流程

❶ 拧出螺栓（图 7-2-8 中箭头）。

❷ 从车轮轴承罩中取出车轮轴承单元。

a. 放置车轮轴承单元时，车轮轴承 1 必须始终朝上（图 7-2-9）。

b. 车轮轴承单元应始终放在轮毂 2 上。

c. 在拿起车轮轴承时切勿向内侧抓住（图 7-2-10）。

d. 车轮轴承只能从外部抓住。

❸ 安装以倒序进行。

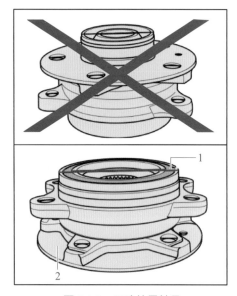

图 7-2-9　正确放置轴承

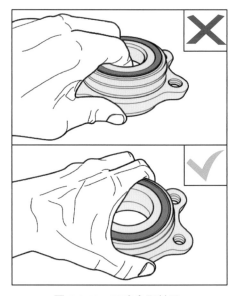

图 7-2-10　正确拿取轴承

第三节　四轮定位

1. 四轮定位参数

转向桥在保证汽车转向功能的同时，应使转向轮有自动回正作用，以保证汽车稳定直线行驶。即当转向轮在偶遇外力作用发生偏转时，一旦作用的外力消失后，应能立即自动回到原来直线行驶的位置。这种自动回正作用是由转向轮的定位参数来保证的，也就是转向轮主销和前轴之间的安装应具有一定的相对位置。转向轮的定位参数主要有主销后倾角、主销内倾角、前轮外倾角、前轮前束。

（1）主销后倾角

设计转向桥时，使主销在汽车的纵向平面内，其上部有向后的一个倾角γ，即主销轴线和地面垂直线在汽车纵向平面内（图7-3-1）。

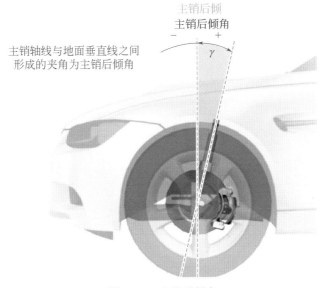

图 7-3-1　主销后倾角

————— 地面垂直线；————— 主销轴线

主销后倾角能形成回正的稳定力矩。当汽车直线行驶时，若转向轮偶然受到外力作用而稍有偏转，将使汽车行驶方向左右偏离。这时，由于汽车本身离心力的作用，车轮与路面接触处，路面对车轮作用着一个侧向作用力，作用力对车轮形成绕主销轴线作用的力矩，其方向正好与车轮偏转方向相反。在此力矩作用下，将使车轮回到原来的中间位置，从而保证汽车稳定直线行驶，故此力矩称为稳定力矩。

（2）主销内倾角

在设计转向桥时，主销在汽车的横向平面内，其上部向内倾斜一个β角，称为主销内倾角（图7-3-2）。

主销内倾角也有使车轮回正的作用，当转向轮在外力作用下由中间位置偏转一个角度时，车轮的最低点将陷入路面以下。但实际上车轮下边缘不可能陷入路面以下，而是将转向车轮连同整个汽车前部向上抬起一个相应的高度。这样，汽车本身的重力有使转向轮回到原来中间位置的效应。

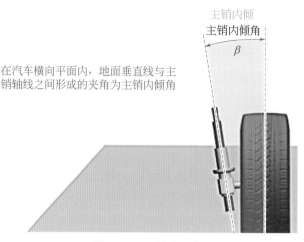

在汽车横向平面内，地面垂直线与主销轴线之间形成的夹角为主销内倾角

图 7-3-2　主销内倾角

－－－－－地面垂直线；－－－－－主销轴线

（3）前轮外倾角

前轮外倾角（图 7-3-3）也具有定位作用。α 是通过前轮中心的汽车横向平面与前轮平面的交线与地面垂直之间的夹角，如果空车时前轮的安装正好垂直于路面，则满载时，车桥将因承载变形而可能出现前轮内倾，这将加速汽车轮胎的偏磨损。另外，路面对前轮的垂直反作用力沿轮毂的轴向分力，将使轮毂压向轮毂外端的小轴承，加重了外端小轴承及轮毂紧固螺母的负荷，降低了它们的使用寿命。因此，为了使轮胎磨损均匀和减轻轮毂外轴承的负荷，安装前轮时应预先使其有一定的外倾角，以防止前轮内倾。同时，前轮有了外倾角也可以与拱形路面相适应。

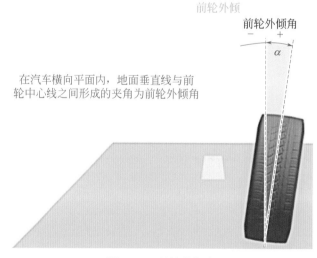

在汽车横向平面内，地面垂直线与前轮中心线之间形成的夹角为前轮外倾角

图 7-3-3　前轮外倾角

－－－－－地面垂直线；－－－－－车轮中心线

（4）前轮前束

前轮有了外倾角后，在滚动时就类似于滚锥，从而导致两侧前轮向外滚开。由于转向横拉杆和车桥的约束使前轮不可能向外滚开，前轮将在地面上出现边滚边滑的现象，从而增加了轮胎的磨损。为了消除前轮外倾带来的这种不良后果，在安装前轮时，使汽车两轮的中心面不平行，两轮前边缘距离小于后边缘距离，后边缘距离减去前边缘距离之差称为前轮前束，用角 φ 表示（图 7-3-4）。

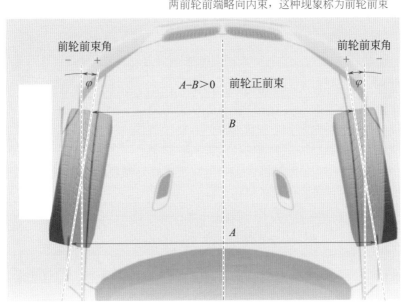

图 7-3-4　前轮前束

－－－－－车身几何中心线；－－－－－车轮中心线

2. 检测的前提条件

❶ 检查车轮悬架、车轮轴承、转向系统是否有不允许的间隙和损坏。

❷ 同一车桥上轮胎花纹深度的最大允许偏差是 2mm。

❸ 规定的轮胎充气压力。

❹ 汽车空载重量。

❺ 燃油箱必须装满。

❻ 备用车轮和车载工具在汽车相应的安装位置上。

❼ 车窗玻璃清洗装置的水箱必须装满。

❽ 请确保在测量过程中滑座和转盘都不在末端挡块处。

> 🛠 **注意**
>
> 　　按规定安装和校正测量设备；随着时间的推移，四轮定位台和四轮定位计算机可能偏离其原始的测量精度／设定值。

在对四轮定位台和四轮定位计算机进行保养的同时，每年应至少检测一次并在必要时进行调节。一定要小心仔细地操作这些高精密仪器！

3. 调整前桥的车轮外倾角（以大众迈腾 B8L 为例）

提示

• 车轮外倾角修正只能在车身维修之后进行。车轮外倾角不可调，但可以通过移动副车架来进行！

• 只能向左或向右推副车架，切勿在行驶方向或其反方向上进行！

❶ 拆卸隔音垫。

❷ 拧出螺栓 1，接着拧入一个新螺栓，但不要拧紧（图 7-3-5）。

❸ 拧出螺栓 2，接着拧入一个新螺栓，但不要拧紧。

❹ 拧出螺栓 3，接着拧入一个新螺栓，但不要拧紧。

❺ 拧出螺栓 4，接着拧入一个新螺栓，但不要拧紧。

副车架上的这些钻孔有公差范围，因而限制了车轮外倾角的调节。如果由于移动了副车架而达不到额定值，则必须检查副车架和车身。

❻ 可通过推拉副车架将车轮外倾角调节到额定值。

❼ 向侧面推移副车架 5，直至两侧的外倾角相等。

❽ 拧紧副车架的螺栓 1 ～ 4。

在移动副车架后，必须检查转向柱的万向接头和排水槽前板的开口之间的自由度。

❾ 拆卸驾驶员侧脚部空间盖板。

❿ 向后翻起地板垫。

必须确保万向节轴颈 1 和前围板凹口 2 之间至少应有 5mm 范围内的自由空间（图 7-3-6）。

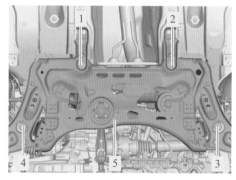

图 7-3-5　安装新的螺栓

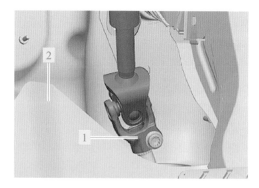

图 7-3-6　检查位置是否合适

4. 调整后桥的车轮外倾角（以大众迈腾 B8L 为例）

❶ 脱开副车架上部横摆臂螺栓连接件的螺母 A（图 7-3-7）。

❷ 通过旋转偏心螺栓（图 7-3-7 中箭头）的六边接头来调整车轮外倾角。

从中间位置开始向左或向右最大的调整范围是 90°。

❸ 拧紧副车架上部横摆臂螺栓连接件的螺母。
用梅花扳手 T10179 以 80N・m 的力矩拧紧螺母（图 7-3-8）。

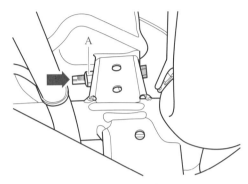

图 7-3-7　拧松螺母

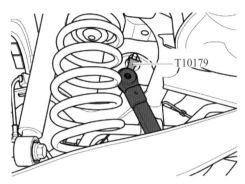

图 7-3-8　拧紧螺母

❹ 拧紧螺母 A 后，再次检查外倾角值。
❺ 拧紧螺母 A 后，再次检查车轮外倾值

5. 调整后桥前束（以大众迈腾 B8L 为例）

❶ 脱开螺母 1（图 7-3-9）。
❷ 旋转偏心螺栓 2，直至达到额定值。
❸ 拧紧螺母 1。
❹ 拧紧螺母 A 后，请再次检查前束值。

6. 调整前桥前束

❶ 脱开或拧紧锁紧螺母 2 时，必须用合适的工具卡住转向横拉杆头 1（图 7-3-10）。
❷ 脱开锁紧螺母 2。
❸ 通过旋转六角螺栓（图 7-3-10 中箭头）分别调整左轮和右轮的前束。

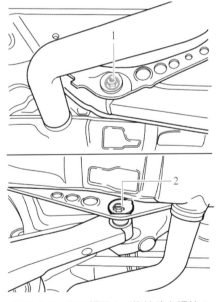

图 7-3-9　脱开螺母 1、旋转偏心螺栓 2

• 注意转向器上的密封波纹管是否无损坏和未扭转，被扭转的橡胶防尘套会很快磨损；
• 仅当汽车停放在地面上时，才拧紧螺纹件的锁紧螺母，转向横拉杆头必须与减振器的转向杆平行。

④ 拧紧锁紧螺母 2，然后再次检测前束值。

⑤ 拧紧锁紧螺母 2 后，已调整的数值可能会略有偏差。

⑥ 如果测得的前束值仍在公差范围内，则调整正确。

7. 轮辋偏位补偿

不进行轮辋偏位补偿就不能正确调整前束。

必须对轮辋偏位进行补偿，否则会使测量结果不准确。由于允许的轮辋轴向偏位，可能会超过前束公差。因此，如果不对轮辋进行偏位补偿，则无法正确地进行前束调整。

8. 检测最大转向角

通过四轮定位计算机确定最大转向角度。

如果最大转向角的值超出公差范围，则注意下列参数。

① 转向系统和车轮悬架部件是否存在损伤或变形？

② 转向横拉杆外观是否正常？

③ 转向横拉杆是否对称？

必须更换损坏的部件。如果方向盘倾斜，则注意下列参数。

① 检查转向系统部件是否损坏和变形，必要时必须更换受损零件。

② 检查车轮悬架部件是否损坏和变形，必要时必须更换受损零件。

③ 同时必须检查转向横拉杆是否对称。

测量"短"转向横拉杆球头的尺寸 a。将"长"转向横拉杆球头缩短到相同尺寸。为此将转向横拉杆头 1 更多地拧到转向横拉杆 2 上（图 7-3-11）。尺寸 a 在右侧和左侧转向横拉杆球头处必须一致。左右最大允许的偏差必须 < 2.5mm。当转动方向盘到中间位置时，要平稳转动。

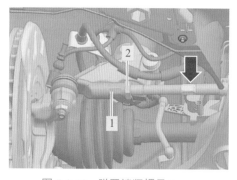

图 7-3-10　脱开锁紧螺母 2

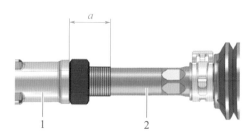

图 7-3-11　测量拉杆长度

第四节　行驶系统零部件

1. 车架

汽车车架（图 7-4-1）俗称"大梁"，用以安装汽车的发动机、变速器、传动轴，以及前、后桥和车身等总成与部件，使各总成保持正确的相对位置，并承受汽车内外的各种载荷。

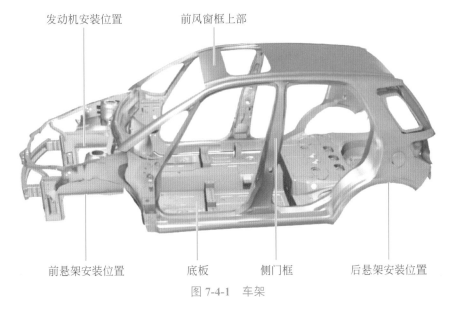

图 7-4-1　车架

因此，要求车架具有足够的强度和合适的刚度，要求它具有结构简单、重量轻等特点，同时还应尽可能降低汽车质心和获得较大的前轮转向角，以保证汽车行驶的稳定性和转向灵活性。

现代汽车大多数都装有独立的车架。目前，汽车车架的结构形式有四种，即边梁式、中梁式、综合式和铰接式。此外，现代轿车和部分客车为了减轻重量，取消了车架，制成了能够承受各种载荷的承载式车身，即无梁式车身，以车身兼代车架。

2. 车桥

车桥（图 7-4-2）通过悬架与车架（或承载式车身）相连，车桥两端安装车轮。

图 7-4-2　车桥

车桥的作用是传递车架和车轮之间的各个方向的作用力，并承受这些力所形成的弯矩和转矩。

按悬架的结构形式不同，车桥可分为断开式和非断开式两种。通常断开式车桥配用独立悬架，非断开式车桥配用非独立悬架。

按车桥上车轮的作用不同，车桥又可分为转向桥、驱动桥、转向驱动桥和支持桥四种类型。

驱动桥已在传动系统中介绍过，转向驱动桥既能实现转向，同时还具有驱动力。支持桥既不能转向，也没有动力，只起到承载的作用。

3. 弹性元件

（1）钢板弹簧的结构

钢板弹簧（图7-4-3）是汽车悬架中应用最广泛的一种弹性元件。它是由若干片等宽但不等长（厚度可以相等，也可以不等）的合金弹簧片组合而成的一根近似等强度的弹性梁。

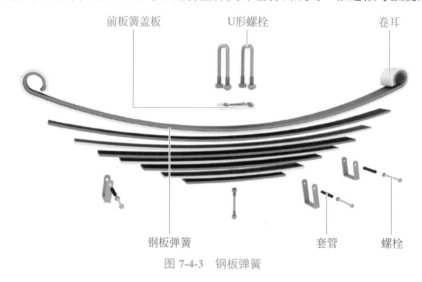

图 7-4-3　钢板弹簧

钢板弹簧中最长的一片称为主片，其两端弯成卷耳，内装由青铜或塑料、橡胶、粉末冶金等制成的衬套，以便用弹簧销与固定在车架上的支架或吊耳做铰链连接。钢板弹簧的中部一般用U形螺栓固定在车桥上。

当钢板弹簧承受载荷时，各弹簧片都受力变形，有向上拱弯的趋势，这时车桥和车架便相互靠近；当车桥和车架互相远离时，钢板弹簧所受的正向垂直载荷和变形便逐渐减少，有时甚至会反向。

钢板弹簧在载荷作用下变形时，各片之间由于相对滑动而产生摩擦，可以促进车架振动的衰减。但各片间的干摩擦，将使车轮所受的冲击在很大程度上传给车架，即降低了悬架缓和冲击的能力，并使弹簧各片加速磨损，这是不利的。为减少弹簧片的磨损，在装合钢板弹簧时，各片间须涂上较稠的润滑剂，并应定期进行保养。

（2）螺旋弹簧的结构形式

螺旋弹簧由弹簧钢棒料卷制而成，分为等螺距螺旋弹簧和变螺距螺旋弹簧两种（图7-4-4）。等螺距螺旋弹簧的刚度不变，而变螺距螺旋弹簧的刚度是可变的。

螺旋弹簧本身没有减振作用，因此在螺旋弹簧悬架中必须装减振器；另外，螺旋弹簧只能承受垂直载荷，必须装设导向机构以传递垂直力以外的各种力和力矩。

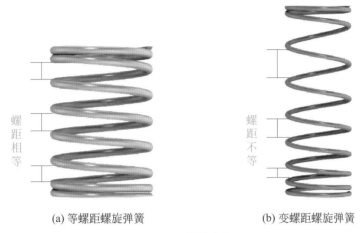

(a) 等螺距螺旋弹簧　　　　　　(b) 变螺距螺旋弹簧

图 7-4-4　螺旋弹簧

（3）扭杆弹簧的结构

扭杆弹簧（图 7-4-5）本身是一根由铬钒合金弹簧钢制成的杆，一端固定在车架上，另一端固定在悬架的摆臂上，摆臂还与车轮相连。采用扭杆弹簧的悬架重量较轻，结构比较简单，也不需润滑，并且通过调整扭杆弹簧固定端的安装角度，易实现车身高度的自我调节。此外，扭杆弹簧在汽车上的布置比较方便，可以与汽车纵轴线平行地布置，也可以横向布置。

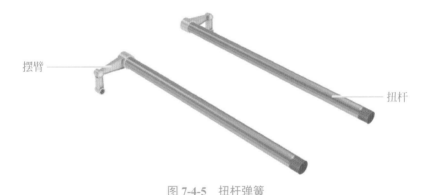

图 7-4-5　扭杆弹簧

4. 减振器

（1）单气室浮动活塞分隔式减振器（图 7-4-6）的结构和工作原理。

单气室浮动活塞分隔式减振器是一种新型减振器，其结构特点是在工作缸筒的下部装一个浮动活塞，在浮动活塞与工作缸筒一端形成的密封气室内充有高压的氮气。浮动活塞上装有大断面的 O 形密封圈，它把油和气完全分开，消除了油的乳化现象（图 7-4-7 和图 7-4-8）。

当车轮上下跳动时，减振器的工作活塞在油液中做往复运动，使工作活塞的上腔和下腔之间产生油压差，压力油便推开压缩阀或伸张阀而来回流动。由于阀对压力油产生较大的阻尼力，故使振动衰减。

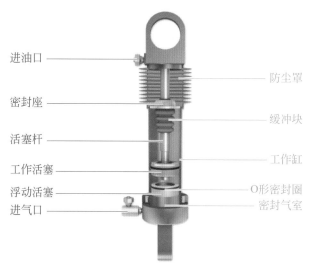

进油口 ——————— 防尘罩

密封座 ——————— 缓冲块

活塞杆 ——————— 工作缸

工作活塞 ——————

浮动活塞 ——————— O形密封圈

进气口 ——————— 密封气室

图 7-4-6　单气室浮动活塞分隔式减振器

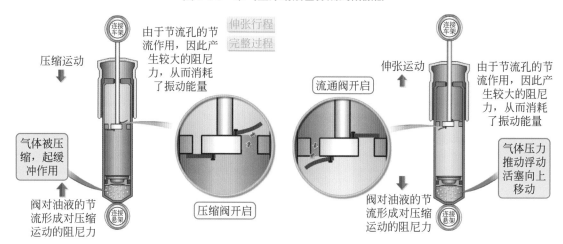

图 7-4-7　工作原理（一）

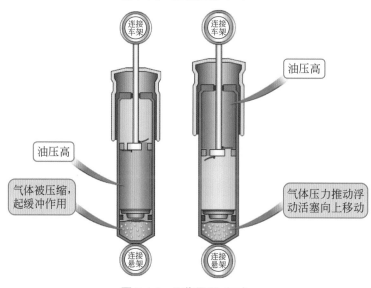

图 7-4-8　工作原理（二）

（2）阻力可调式减振器（图7-4-9）的结构和工作原理

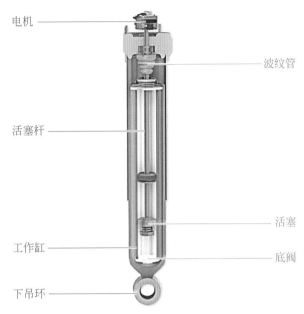

图 7-4-9　阻力可调式减振器

　　装有这种阻力可调式减振器的悬架结构，采用了刚度可变的空气弹簧。其工作原理是，当汽车的载荷增加时，空气囊的气压升高，则气室内的气压也随之升高，膜片向下移动与弹簧产生的压力相平衡。与此同时，膜片带动与它相连的柱塞杆和柱塞下移，结果减少了油液流经节流孔的流量，从而增加了油液流动阻力。反之，当汽车载荷减少时，柱塞上移，增大了节流孔的通道截面积，从而减小了油液的流动阻力，达到了随着汽车载荷的变化而改变减振器阻力的目的。如图 7-4-10 和图 7-4-11 所示，ECU 传递信号给电机，通过控制阻尼调节杆相对活塞杆转动，调节节流孔的大小改变阻尼力。

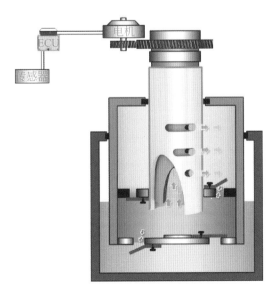

图 7-4-10　阻力可调式减振器工作原理（一）

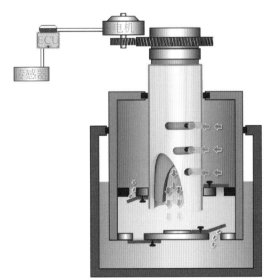

图 7-4-11　阻力可调式减振器工作原理（二）

第五节　行驶系统故障案例分析

轮胎压力监测功能失效。

❶ 车型：大众 CC 2.0T。

❷ 行驶里程：34123km。

❸ 故障现象：客户反应左后轮气压不足，但是仪表上轮胎压力警告灯未报警。

❹ 故障诊断过程。

a. 测量两后轮的胎压，左后轮的胎压比右后轮的胎压低 0.8bar。

b. 路试 10km，轮胎压力确实未报警，在路试的过程中客户反应以前胎压报警出现过，最近有过一次事故维修。连接 VAS6150A 诊断仪，未查询到故障码，打开点火开关时仪表上没有出现胎压监测警告灯，正常车辆在打开点火开关时仪表上的胎压监测警告灯会亮几秒钟，自检后熄灭。

按压此车的胎压复位校准开关时也没有复位成功的提示。

❺ 分析胎压监测系统原理：轮胎压力监测显示系统是一个不具备诊断地址的软件模块，安装于 ABS 控制单元 J104 中。防抱死制动系统的各种数据用于确定轮胎的滚动周长。然后，系统将轮胎的滚动周长与参考数据做比较，从细微的变化中可察觉出胎压损失。

❻ 分析判断是 ABS 控制单元中的胎压监测功能没有开通，检查 ABS 控制单元为 227，重新进行在线编码后变为 83171（图 7-5-1），试车故障排除。

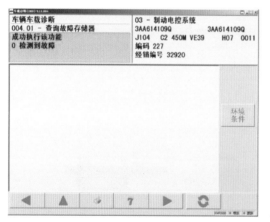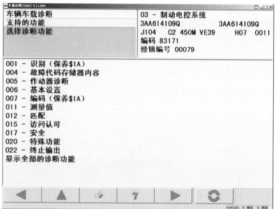

图 7-5-1　在线编码

❼ 故障原因分析。

事故维修时车辆断电可能引起 ABS 控制单元的编码改变。

❽ 故障处理方法。

对 ABS 控制单元进行在线编码。

第八章
转向系统

第一节　方向盘的认知与检修

1. 转向盘结构

　　转向盘即方向盘，是汽车的操纵行驶方向的轮状装置。转向盘一般通过花键与转向轴相连。转向盘在驾驶员与车轮之间引入的齿轮系统操作灵活，很好地隔绝了来自道路的剧烈振动。不仅如此，好的转向系统还能为驾驶者带来一种"路感"。转向盘的结构包括轮缘、轮辐和转向盘轮毂（图 8-1-1）。

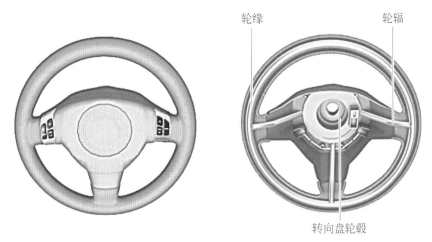

图 8-1-1　转向盘结构

　　轮辐一般为三根辐条，或四根辐条，也有用两根辐条的。转向盘轮毂孔具有细牙内花键，借此与转向轴连接。转向盘的内部由形成的金属骨架构成。骨架外面包有橡胶或树脂，也有包皮革的，这样可以有良好的手感，且可以防止手心出汗时握转方向盘打滑。

2. 转向盘自由行程

转向盘空转阶段——克服转向系统内部的摩擦，使各传动件运动到其间的间隙完全消除这一阶段。

转向盘自由行程（图 8-1-2）是指转向盘在空转阶段的角行程，这主要是由于转向系统各传动件之间的装配间隙和弹性变形所引起的。由于转向系统各传动件之间都存在着装配间隙，而且这些间隙将随零件的磨损而增大，因此，在一定的范围内转动转向盘时，转向节并不马上同步转动，而是在消除这些间隙并克服机件的弹性变形后，才做相应的转动，即转向盘有一个空转过程。

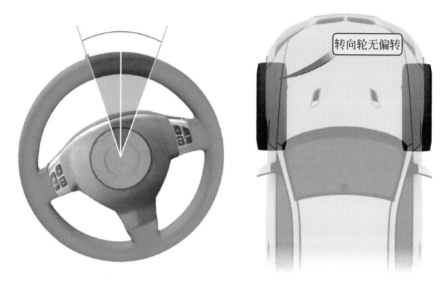

图 8-1-2　转向盘自由行程
转向轮不发生偏转，转向盘所能转过的角度称为转向盘自由行程。
转向盘自由行程的大小反映了转向系统间隙的大小

转向盘自由行程对于缓和路面冲击及避免使驾驶员过度紧张是有利的，但不宜过大，以免过分影响灵敏性。一般说来，转向盘从相应于汽车直线行驶的中间位置向任一方向的自由行程最好不超过 10°～15°。当零件磨损严重到使转向盘自由行程超过 25°～30° 时，必须进行调整。

3. 方向盘拆装流程

> **注意**
>
> 对电气设备进行操作以及拆卸方向盘前必须满足下列条件：
> ① 断开蓄电池接线。
> ② 车轮必须位于直线前行位置上。

❶ 转向柱调节至中间高度。
❷ 拆卸安全气囊单元。

❸ 使车轮处于直线行驶位置。

方向盘的拆卸和安装必须在中间位置（车轮在正前打直位置）进行。

❹ 如果有方向盘加热装置插头连接，则将其脱开。

❺ 拧出螺栓 2（图 8-1-3）。

❻ 检查转向柱在转向柱标记高度是否有一个冲点。

❼ 如果没有，则必须在转向柱上用一个冲点标记方向盘 / 转向柱的位置。

❽ 从转向柱上脱开方向盘 1。

❾ 安装以倒序进行，必须注意下列事项。

确定在安装方向盘之前，车轮必须位于正前打直位置。

图 8-1-3　方向盘和螺栓

a. 安装已拆下的方向盘时应注意，转向柱 / 方向盘上的标记要对准。

b. 安装新方向盘时（没有标记），必须在中间位置安装方向盘（方向盘轮辐必须保持水平并且车轮必须位于正前打直位置）。

c. 安装方向盘。

d. 如果有方向盘加热装置插头连接，则将其连接好。

e. 安装安全气囊单元。

f. 进行试车。

g. 如果方向盘倾斜，则必须重新拆下方向盘并安装到转向柱的花键上，更换固定螺栓。

第二节　转向助力油的认知与更换

1. 转向助力油罐在车上的位置及作用

转向助力油罐（图 8-2-1）的作用是储存、滤清、冷却液压转向加力装置的工作油液，转向助力油罐一般是单独安装的，但也有直接安装在转向液压泵上的。

2. 转向助力油的作用及助力原理

转向助力油不但储存在转向助力油罐中，而且存在于液压助力系统的油罐和油缸中，是加注在助力转向系统的一种介质油，起到缓冲和传递转向力的作用。

图 8-2-1　转向助力油罐

储油罐中的低压油经过转向助力泵加压之后转换成高压油，高压油经过转向系统中的液压管路进入液压助力油缸，推动液压助力缸中的活塞左右移动，从而实现液压能转换成机械能，达到助力的作用（图 8-2-2）。

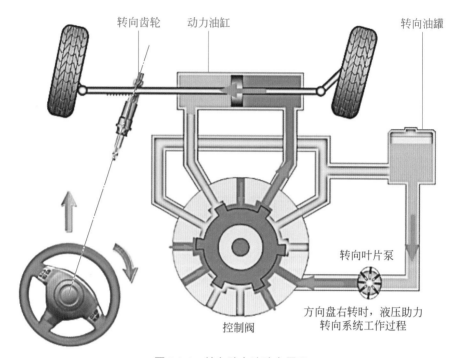

图 8-2-2　转向助力油助力原理

3. 转向助力油的性能

❶ 抗磨性能：油品抗磨性能不好会表现为润滑油在金属表面的油膜保持能力差，随之转向系统频繁工作，油膜被破坏，从而造成干摩擦，引起系统内构件摩擦表面的磨损和擦伤，导致机械故障。为保证系统的正常运行，减少系统的故障率，要求转向助力油具有更好的抗磨损性能。

❷ 低温性能：低温性能是衡量油品在低温条件下流动性的重要指标。由于车辆所处环境不同，不同季节温度变化较大，尤其是在低温条件下启动时，如果转向助力油的低温性能不好，会造成转向困难。

❸ 空气释放性和抗泡沫性：空气释放性反映油品分离雾沫空气的能力，抗泡沫性则表示了油品在有空气进入的情况下消除泡沫能力的好坏（图 8-2-3）。混入空气的转向助力油液工作时会使系统的效率降低，润滑条件恶化，严重时会产生异常的噪声、震动等，甚至还会造成驱动系统压力不足和传动反应迟缓的软操作。

❹ 抗剪切稳定性：由于车辆在行进过程中转向系统频繁工作，对油品剪切作用非常大，具有良好的抗剪切能力的转向助力油能保持足够的黏度，在摩擦副表面形成持续的油膜（图 8-2-4）。

转向助力油是一种加注在汽车转向系统里面的一种特种油液，与自动变速器油液、制动油液以及减振油液类似。

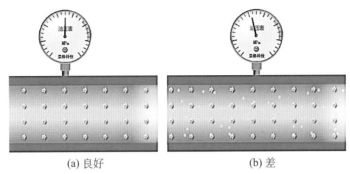

(a) 良好　　　　　　　　　　(b) 差

图 8-2-3　转向助力油抗泡沫性

泡沫的可压缩性导致液压系统压力波动和油压下降，严重时可使供油中断

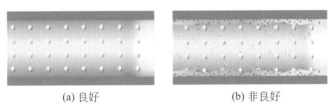

(a) 良好　　　　　　　　　　(b) 非良好

图 8-2-4　转向助力油剪切稳定性

4. 更换转向助力油的周期

一般汽车厂家不会严格规定转向助力油的更换周期。每次保养都需检查转向助力油和管路，视检查结果确定转向助力油是否需要更换。

第三节　转向助力泵的认知与检修

1. 液压转向助力系统的组成

转向助力系统是一套兼用驾驶员体力和发动机动力为转向能源的转向系统。在正常情况下，汽车转向所需的能量只有小部分由驾驶员提供，而大部分能量由发动机通过转向助力装置提供。

转向助力系统分电动转向助力系统和液压转向助力系统。

齿轮齿条式液压转向助力系统主要由齿轮齿条转向器和液压助力两部分，主要由转向盘、转向柱管、万向节、齿轮齿条转向器，以及液压助力系统的储油罐、转向液压泵、转向控制阀和转向动力泵等组成（图 8-3-1）。

2. 转向液压泵的功用

转向液压泵是液压转向加力装置的供能装置，在转向液压泵只受发动机驱动的情况下一旦发动机停止运转，液压泵即无压力油输出，即转向液压泵是以发动机为动力，其作用是将发动机输入的机械能转换为液压能输出，为转向助力油缸提供液压助力（图 8-3-2）。

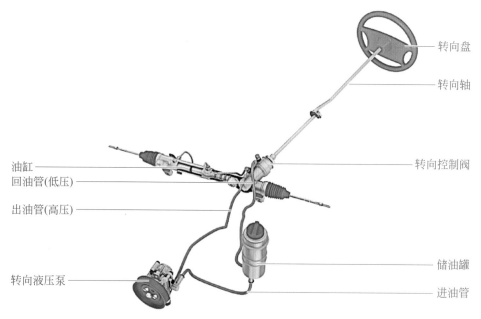

油缸
回油管(低压)
出油管(高压)
转向液压泵

转向盘
转向轴
转向控制阀
储油罐
进油管

图 8-3-1 液压转向助力系统组成

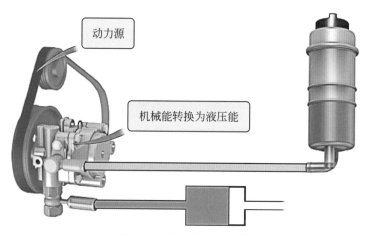

动力源

机械能转换为液压能

图 8-3-2 转向液压泵功用

转向液压泵是液压转向加力装置的功能装置，其功用是将输入的机械能转换为液压能

3. 转向液压泵的组成

转向液压泵的结构形式有齿轮泵、叶片泵、转子泵和柱塞式泵等。以叶片泵为例，其结构主要由定子、带叶片的转子、轴承、配油盘和驱动轴等组成（图 8-3-3）。

4. 转向液压泵的工作原理

当转子旋转时，叶片在离心力及高压液体的作用下紧贴在定子的内表面，叶片之间形成一个空腔，随着转子的旋转，空腔的工作容积由小变大，腔内压力逐渐变低，至吸油口处吸进油液。转子继续旋转，腔内容积逐渐由大变小，腔内油液压力升高，旋转至出油口处输出高压油液。这种结构的转子泵，转子每旋转一周，每个工作腔都各自吸、压油 2 次（图 8-3-4）。

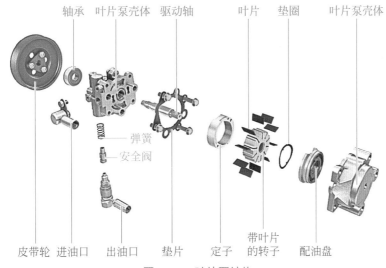

轴承　叶片泵壳体　驱动轴　　叶片　垫圈　　叶片泵壳体

弹簧

安全阀

皮带轮　进油口　出油口　　垫片　　定子　带叶片的转子　配油盘

图 8-3-3　叶片泵结构

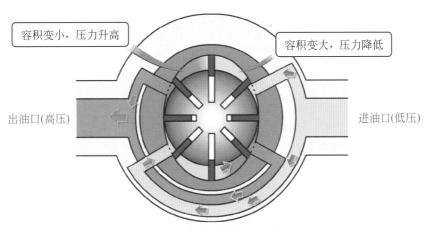

容积变小，压力升高

容积变大，压力降低

出油口(高压)

进油口(低压)

图 8-3-4　转向液压泵工作原理

第四节　动力转向器的认知与检修

1. 转向器的功用

转向器是转向系统的降速增扭传动装置，其功用是增大由转向盘传到转向节的力，并改变力的传动方向（图 8-4-1 和图 8-4-2）。

2. 转向器的类型

转向器根据传动副的结构形式不同分为齿轮齿条式、循环球式、蜗杆曲柄指销式等（图 8-4-3）。齿轮齿条式转向器结构简单、紧凑，重量轻，刚性大，转向灵敏，目前它在轿车和微型、轻型货车上应用较广泛。以下主要以齿轮齿条式转向器为例，对其实施检查与更换。

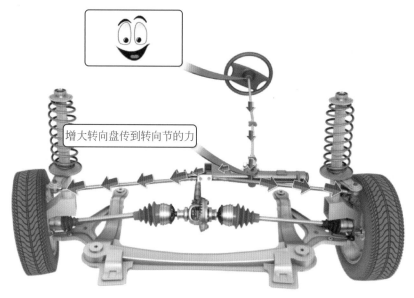

增大转向盘传到转向节的力

图 8-4-1　增大转向盘传到转向节的力

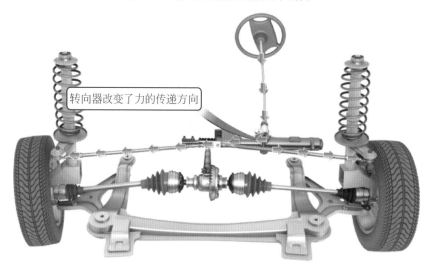

转向器改变了力的传递方向

图 8-4-2　转向器改变了力的传递方向

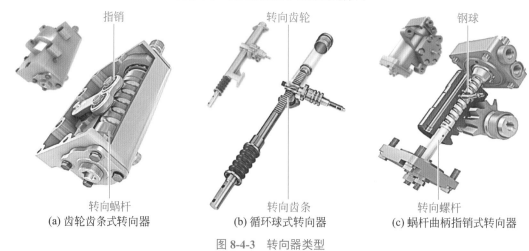

| 指销 | 转向齿轮 | 钢球 |

转向蜗杆　　　　　　　　　　转向齿条　　　　　　　　　　转向螺杆
(a) 齿轮齿条式转向器　　　(b) 循环球式转向器　　　(c) 蜗杆曲柄指销式转向器

图 8-4-3　转向器类型

3. 齿轮齿条式转向器的结构及工作原理

齿轮齿条式转向器主要由齿条、斜齿轮、转向器壳体、齿条导向套、齿条调整螺母、防尘套等组成（图8-4-4）。

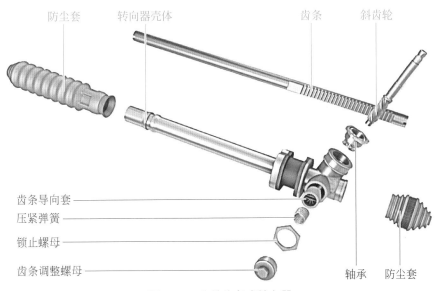

图8-4-4 齿轮齿条式转向器

齿轮齿条式转向器采用一级传动副，主动件是齿轮，从动件是齿条。齿轮齿条式转向器是利用齿轮顺时针或逆时针方向的转动带动齿条左右移动，再通过横拉杆推动转向节，达到转向的目的（图8-4-5）。齿轮齿条式转向器的动力输出方式分为两端输出式和中间输出式。

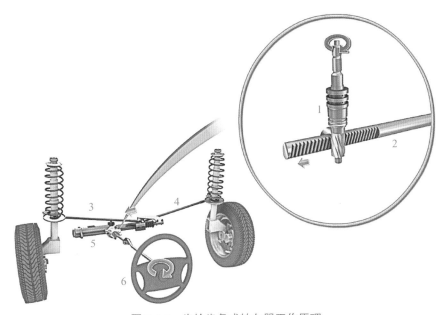

图8-4-5 齿轮齿条式转向器工作原理

1—转向齿轮；2—转向齿条；3—左横拉杆；4—右横拉杆；5—齿轮齿条式转向器；6—转向盘

4. 螺杆螺母循环球式转向器

螺杆螺母循环球式转向器又叫循环球齿条齿扇式转向器（图8-4-6），由两对啮合副组合而成。

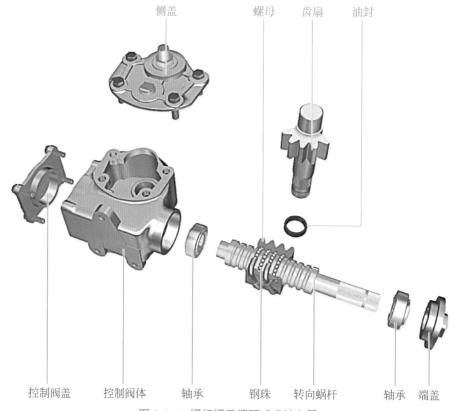

侧盖　　螺母　　齿扇　　油封

控制阀盖　　控制阀体　　轴承　　钢珠　　转向蜗杆　　轴承　　端盖

图 8-4-6　螺杆螺母循环球式转向器

第一啮合副由螺杆和与之配合的四方形螺母组成。在螺母与螺杆的啮合槽内充满钢球，在螺母外有两条钢球流动导轨，内部也充满钢球。转动转向盘时，钢球在螺杆和螺母的啮合槽内通过导轨形成钢球流，使啮合副的摩擦形态变成滚动摩擦，使磨损减小，提高了传动效率，且使操作轻便。

另一对啮合副由螺母上一面制成的齿条和安装在摇臂轴上的齿扇组成。装配后齿扇的牙齿与螺母上的齿条相啮合。啮合间隙可通过侧盖上的调整螺钉进行调整，螺钉拧入，间隙减小。

转动转向盘，通过转向轴带动螺杆转动，与螺杆相啮合的螺母则沿螺杆轴线移动，螺母通过齿条带动齿扇绕摇臂轴转动，从而带动摇臂摆动。

该转向器的优点是传动效率高达90%～95%，操作轻便，使用寿命长。同时逆效率也高，易将路面对车轮冲击力传到转向盘，造成转向盘"打手"。

5. 转向传动机构

转向传动机构是连接转向器与转向节之间的连动机件，包括转向摇臂、转向直拉杆（图8-4-7）、转向节臂、转向横拉杆（图8-4-8）和梯形臂等。

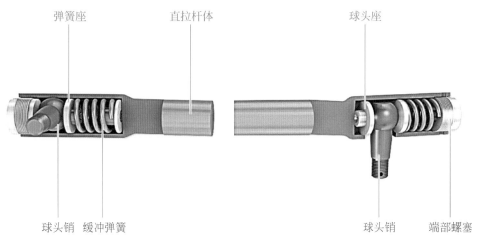

弹簧座　　　　直拉杆体　　　　　　　　　　球头座

球头销　缓冲弹簧　　　　　　　　　球头销　端部螺塞

图 8-4-7　转向直拉杆

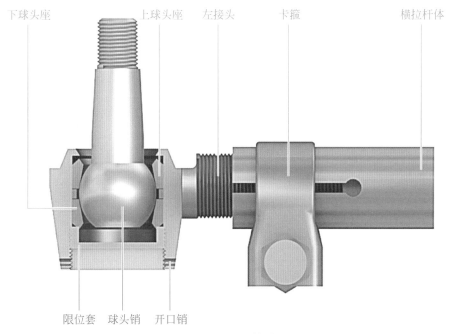

下球头座　　　　　上球头座　　左接头　　　卡箍　　　　　横拉杆体

限位套　球头销　开口销

图 8-4-8　转向横拉杆

6. 转向横拉杆拆装流程（以大众迈腾 B8L 为例）

❶ 将方向盘旋转到正前打直位置。

❷ 必要时，拆卸蓄电池支架。

❸ 脱开车轮螺栓。

❹ 升高汽车。

❺ 拆下车轮。

❻ 清洁橡胶防尘套区域内的转向器外部。

❼ 脱开转向横拉杆头螺母，但不要拧下。

⚒ **注意**

为了保护螺纹，将螺母保留在轴颈上。

⑧ 从车轮轴承罩中压出横拉杆球头（图8-4-9）并拧下螺母。

⑨ 打开卡箍并向后推橡胶防尘套。

⑩ 按以下方式转动转向系统。

a. 针对左侧转向横拉杆，将转向系统向右转到限位位置。

b. 针对右侧转向横拉杆，将转向系统向左转到限位位置。

⑪ 拆卸转向横拉杆（图8-4-10）。

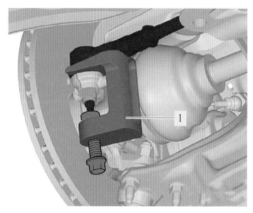

图8-4-9 压出横拉杆球头

1—球形万向节压出器 T10187

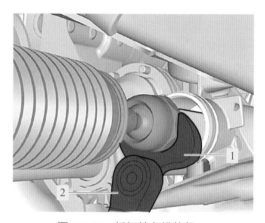

图8-4-10 拆卸转向横拉杆

1—开口扳手接头 VAG 1923；2—扭矩扳手 VAG 1332

⚒ **注意**

· 如果在齿条上看见锈蚀、损坏、磨损或者污物沉淀，则必须更换整个转向器；

· 如果在齿条上无法看到润滑膜，也必须整体更换转向器。

⑫ 安装以倒序进行。必须注意：齿条上不能有油脂。

⑬ 确保每侧的转向横拉杆球头都正确安装（图8-4-11）。

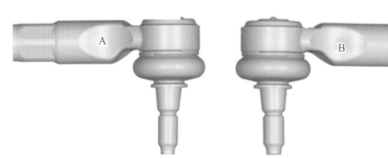

(a) 右侧转向横拉杆球头带有"A"标记　　(b) 左侧转向横拉杆球头带有"B"标记

图8-4-11 转向横拉杆球头带有标记

⑭ 将方向盘旋转到正前打直位置。

⑮ 将新的卡箍和橡胶防尘套安装在转向横拉杆上。

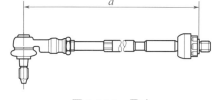

⑯ 将转向横拉杆一直拧入转向横拉杆头，直至到达尺寸 a（图 8-4-12）。

尺寸 a=（373±1）mm。

图 8-4-12 尺寸

⑰ 拧紧转向横拉杆。

⑱ 用维修套件中的润滑脂稍稍润滑连接到转向横拉杆的橡胶防尘套的密封表面。

⑲ 将橡胶防尘套 2 推到转向横拉杆 1 上，同时注意位置要正确（图 8-4-13）。

⑳ 用软管卡箍钳 VAS 6340 将弹簧卡箍固定在橡胶防尘套上。

㉑ 用维修套件中的润滑脂稍稍润滑连接到转向器壳体的橡胶防尘套的密封表面。

㉒ 橡胶防尘套推至转向器壳体的限位位置

㉓ 用卡箍钳 VAG 1275A 从上部夹紧新卡箍（图 8-4-14）。

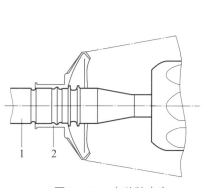

图 8-4-13 安装防尘套

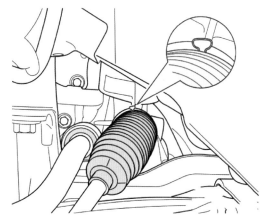

图 8-4-14 夹紧新卡箍

㉔ 装上车轮并拧紧。

㉕ 四轮定位。

㉖ 更换两个转向横拉杆后，必须对转向角传感器 G85 进行基本设置。

㉗ 接下来对转向系统进行基本设置

7. 转向器拆装流程（以大众迈腾 B8L 为例）

拆卸转向器的步骤如下。

❶ 将转向盘转到正前打直位置并拔出点火钥匙，以锁止转向盘锁。

❷ 关闭点火开关并打开车门，以锁止转向盘锁。

❸ 断开蓄电池接线。

❹ 拆卸驾驶员侧仪表板脚部空间盖板。

❺ 向后翻起地板垫。

❻ 将螺栓从万向接头 1 上拧出，然后将万向接头 2 沿图 8-4-15 中箭头方向脱开。

🔧 **注意**

如果已脱开转向器上的十字万向节，则无须执行下列工作：

a. 连接蓄电池；

b. 打开点火开关；

c. 转动转向器；

d. 转动转向柱。

⑦ 脱开车轮螺栓。

⑧ 升高汽车。

⑨ 拆下车轮。

⑩ 拆卸下部隔音垫。

⑪ 拧出螺栓（图 8-4-16 中箭头），并从副车架上脱开排气装置支架。

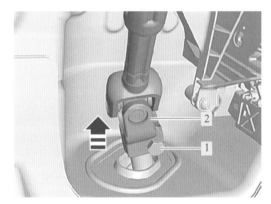

图 8-4-15　拆卸螺栓

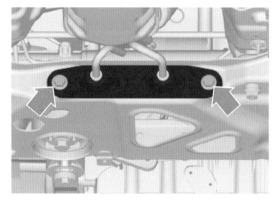

图 8-4-16　拧出螺栓

⑫ 拧出摆动支承的螺栓 1（图 8-4-17）。

⑬ 拧下连接杆 3 左右侧的六角螺母 1（图 8-4-18）。

⑭ 将左右两侧的连接杆 3 从稳定杆 2 中拉出。

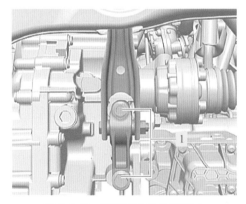

图 8-4-17　拧出摆动支承的螺栓

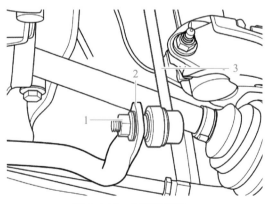

图 8-4-18　拆卸连接杆

⑮ 拧下左侧和右侧的螺母，从主销中取出摆臂。

⑯ 脱开转向横拉杆头螺母，但不要拧下，压出横拉杆球头并拧下螺母。

⑰ 将插头连接 1 从左前车身高度传感器 G78 或右前车身高度传感器 G289 上脱开（图 8-4-19）。

⑱ 拆卸左前车身高度传感器 G78/ 右前车身高度传感器 G289。

⑲ 脱开机油油位和机油温度传感器 G266 的插头连接（图 8-4-20）。

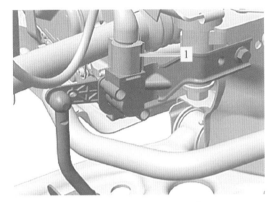

图 8-4-19　拔下插头

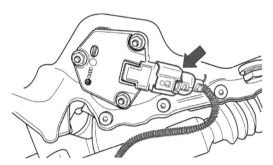

图 8-4-20　脱开插头

⑳ 脱开副车架和转向器上夹住电线束 3 的夹子 1 和 2（图 8-4-21）。

㉑ 脱开副车架上的电控机械式转向器 J500 线束固定卡（图 8-4-22 中箭头）。

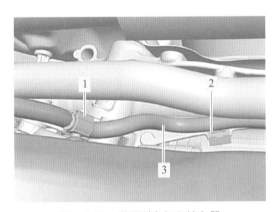

图 8-4-21　脱开副车架和转向器
上夹住电线束的夹子

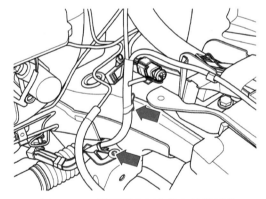

图 8-4-22　脱开副车架上的电控机械式
转向器线束固定卡

㉒ 拆卸转向器螺栓 1（图 8-4-23）。

㉓ 发动机和变速箱举升装置 VAG 1383 A（图 8-4-24 中 1）放到副车架下（图 8-4-24）。

㉔ 固定副车架（图 8-4-24）。

㉕ 根据导线长度略微降低副车架，从电控机械式转向器 J500 上脱开线束固定卡（图 8-4-25 中箭头）。

㉖ 根据导线长度降低副车架大约 10cm。

㉗ 脱开转向器上的插头连接 1 和 2（图 8-4-26）。

㉘ 用发动机和变速箱举升装置 VAG 1383 A 降低副车架。

㉙ 从副车架上脱开转向器，并向后取出。

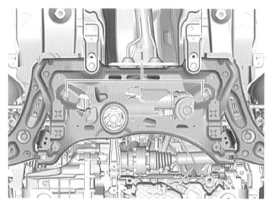

图 8-4-23　拆卸转向器螺栓

图 8-4-24　固定副车架

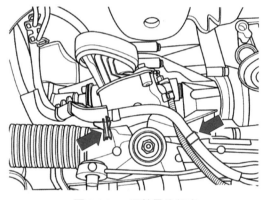

图 8-4-25　调整导线长度

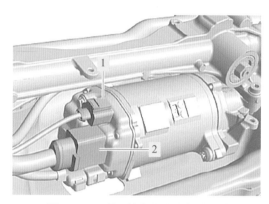

图 8-4-26　脱开转向器上的插头连接

安装以倒序进行。

第五节　动力转向辅助电机的认知及工作原理

1. 动力转向系统的作用与类型

动力转向系统的作用是利用动力介质来帮助驾驶员克服转向过程中的转向阻力矩。动力转向系的类型如下。

❶ 按动力能源，动力转向系统可分为液压助力转向系统和电动助力转向系统（图 8-5-1）两种。

❷ 按液流形式，动力转向系统可分为常流式和常压式两种。常流式是不转向时，液压系统中的工作油为低压；常压式是不转向时，液压系统中的工作油是高压，常压式需要装用储能器（图 8-5-2）。

❸ 按液压动力缸、分配阀和转向器三者的关系的不同，可分为整体式和分置式两种。三者合为一体的叫整体式。三者相互分开布置的叫分置式。

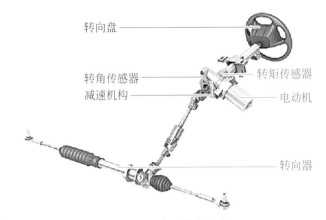

图 8-5-1 电动转向助力

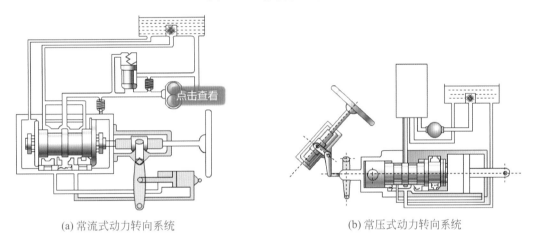

(a) 常流式动力转向系统　　　　　　(b) 常压式动力转向系统

图 8-5-2 动力转向系统按液流形式分类

2. 动力转向系统组成

动力转向系统由机械转向器、电动机、减速机构、转矩传感器、传动轴等部件组成（图 8-5-3）。

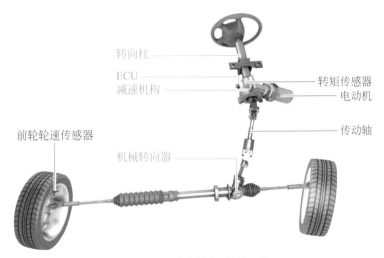

图 8-5-3 动力转向系统组成

3. 动力转向系统的工作原理

在使用动力转向系统控制模块控制动力转向电机以便操作转向机时，齿条和双齿轮电子动力转向系统可以减小车辆转向所需的力量。

动力转向系统控制模块也使用转矩传感器、电机转动传感器、蓄电池电压电路和 GM LAN 串行数据电路的组合来执行系统功能。动力转向系统控制模块将通过 GM LAN 串行数据电路监测来自发动机控制模块的车速和发动机转速信息，以确定车辆转向所需辅助的大小。在低速情况下，提供较大的辅助以便在驻车操作中进行转向。在高速情况下，提供较小的辅助以便提高路感和方向稳定性。

动力转向系统控制模块使用转矩传感器、电机转动传感器、车速和系统温度输入计算值的组合来确定所需辅助的大小。动力转向系统控制模块连续监测数字转矩传感器的转矩并定位电流信号。随着转向盘转动和转向轴转转，通过转矩信号电路监测转向输入和输出轴，然后用动力转向系统控制模块来处理，以计算转动转矩。由动力转向系统控制模块来处理电机位置传感器的电压信号和数字扭矩传感器的定位电流信号，以检测和计算转向盘角度。

动力转向系统控制模块通过指令动力转向电机的电流，来回应数字转矩传感器信号以及电机转动传感器电压信号的改变。动力转向系统控制模块控制脉宽调制电机驱动电路，以驱动三相电机。动力转向系统控制模块和电机总成与转向机壳体基座连接并帮助转向机小齿轮根据转向盘的转动进行左右移动。动力转向系统控制模块可以计算内部系统温度，以保护动力转向系统不受高温影响。为了降低过高的系统温度，动力转向系统控制模块将减小流向动力转向电机的指令电流，即减小转向辅助的大小。

动力转向系统控制模块可以检测电子动力转向系统中的故障。检测到停用转向辅助的故障会使驾驶员信息中心出现"SERVICE POWER STEERING"（维修动力转向系统）的信息。

第六节　转向柱的认知及检修

1. 概述

转向柱管吸能装置由中间转向轴、转向柱上装饰盖、转向柱下装饰盖、转向柱锁止控制模块、转向信号开关、转向柱（图 8-6-1）和转向信号开关托架等部分组成。

转向柱由把转向盘旋转传送到转向机的转向主轴和固定主轴的柱管组成。现代汽车的转向柱大多装有碰撞吸能机构，该机构吸收推力，否则在撞击时该推力将会施加到驾驶员身上。某些车辆上的转向主轴还可能装有转向锁定机构、倾斜转向机构、伸缩式转向机构等控制系统，当汽车紧急制动或发生撞车事故时吸收冲击能量，减轻或防止对驾驶员的伤害。

碰撞吸能转向柱的类型有：弯曲托架式转向柱、网络状吸能转向柱、波纹管式吸能转向柱、分开式安全转向柱和轴向伸缩式转向柱等。

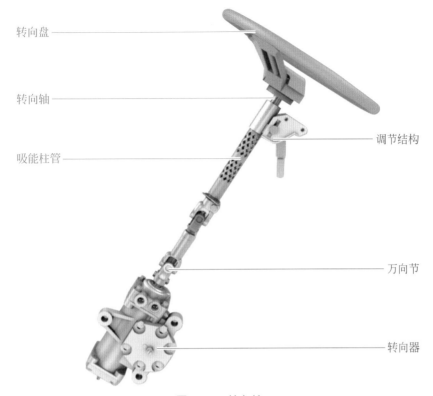

转向盘

转向轴

吸能柱管

调节结构

万向节

转向器

图 8-6-1 转向柱

2. 转向柱拆装流程

❶ 使车轮处于直线行驶位置。

❷ 向下拉转向柱侧面的拨杆。

❸ 尽可能向下翻转转向柱并将其拔出。

❹ 将转向柱侧面的拨杆重新向上推。

❺ 拆卸安全气囊单元。

❻ 拆卸转向盘。

❼ 拆卸上部转向柱饰板。

❽ 拆卸下部转向柱饰板。

❾ 拆卸转向柱开关模块。

❿ 拆卸驾驶员侧脚部空间盖板。

⓫ 拆卸膝部安全气囊。

⓬ 用一把小螺丝刀脱开凸耳（图 8-6-2 中箭头）。

⓭ 向前从钢板接片中拉出电缆导向件 1。

⓮ 拧出螺栓 1 和 2（图 8-6-3）。

⓯ 取下膝部安全气囊左侧支架 3。

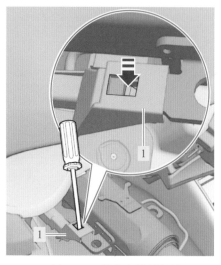

图 8-6-2　拉出电缆导向件

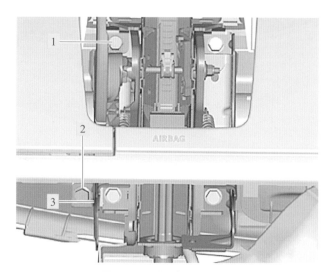

图 8-6-3　拧出螺栓

⑯ 在图 8-6-4 中箭头位置脱开线束导向件 1 的卡止件，并从转向柱中取下。

⑰ 脱开线束支架 2 的卡止件，并从转向柱中取下。

⑱ 将转向柱上的线束置于一旁。

⑲ 将插头连接 1 从电子转向柱锁控制单元 J764 上脱开（图 8-6-5）。

⑳ 从转向柱上脱开线束卡止件并将线束放置一旁。

㉑ 向后翻起地板垫。

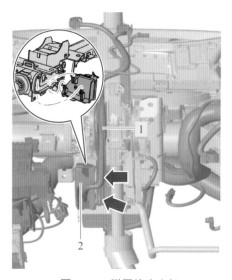

图 8-6-4　脱开线束支架

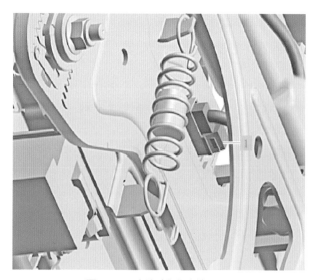

图 8-6-5　拆卸插头连接

㉒ 拧下十字万向节的螺栓，然后脱开十字万向节。

当心：如果已脱开转向器上的十字万向节，则无须执行下列工作。

a. 连接蓄电池。

b. 打开点火开关。

c. 转动转向器。

d. 转动转向柱。

务必注意这些事项，否则可能会造成不可逆的损伤。

㉓ 拧出螺栓 1 和 2（图 8-6-6）。

㉔ 取下膝部安全气囊右侧支架 3。

㉕ 拧出螺栓 1 并固定住转向柱 2（图 8-6-7）。

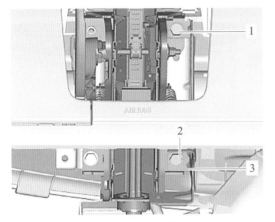

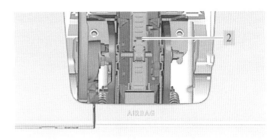

图 8-6-6　拧出螺栓　　　　　　　图 8-6-7　拧出螺栓并固定住转向柱

㉖ 向上从凸耳 2 和轴承座 3 中脱开转向柱 1，接着取下（图 8-6-8）。

㉗ 安装以倒序进行，同时必须注意下列事项。

a. 将转向柱挂入轴承座下部和上部的装配辅助件中。

b. 转向柱的平面 1 必须放到转向器的平面 2 上。转向器上的开口必须准确地对准固定螺栓的孔（图 8-6-9 中箭头）（图 8-6-9）。

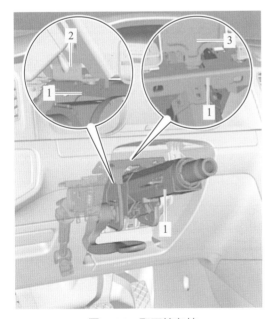

图 8-6-8　取下转向柱

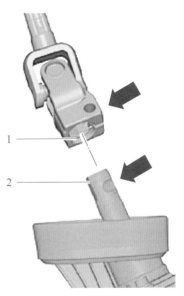

图 8-6-9　连接转向柱

进行转向角传感器 G85 的基本设置。

第七节 转向系统故障案例分析

转向机故障灯黄灯报警

（1）故障车辆

车型：速腾。行驶里程：56779km。

（2）故障现象

行驶中转向故障灯报警，转向助力沉。

（3）诊断过程

❶ 车辆到店后首先查看故障现象，启动车辆后发现如客户描述仪表盘上故障灯黄灯点亮（图 8-7-1）。

图 8-7-1 方向盘故障灯黄灯点亮

❷ 确定故障现象后，用 VAS6150 读取转向系统故障码：00573，含义为冷却液温度传感器 G62 未达到下限（偶发），对应转向系统出现冷却液温度传感器的故障。电子转向系统工作原理如图 8-7-2 所示。

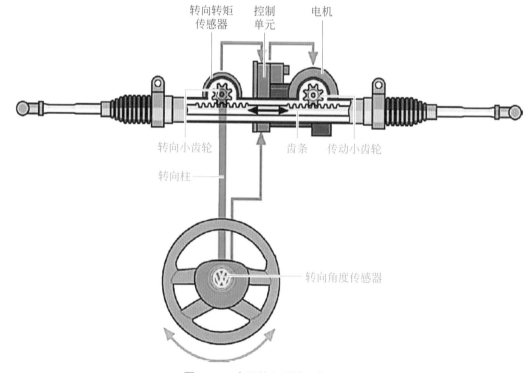

图 8-7-2 电子转向系统工作原理

控制单元通过识别转向角度传感器和转向转矩传感器来计算转向电机输出转矩，在电子转向组件中没有和水温传感器部件有关的部件。最后用故障引导测试，经测试果然发现故障原因，在车辆自诊断中的冷却液温度传感器 G62 故障变成转向转矩传感器 G269 下限额定值太低，由此判断是因为诊断仪翻译错误导致错误的故障提示（图 8-7-3 和图 8-7-4）。

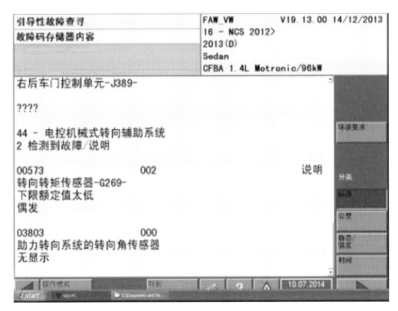

图 8-7-3 诊断仪显示

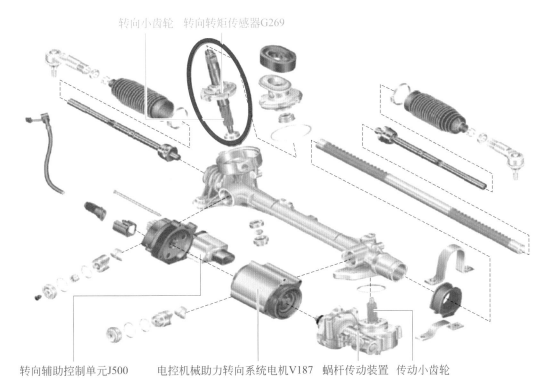

图 8-7-4 故障位置

（4）原因分析

初步分析为磁阻传感器元件（图8-7-5）距离电磁磁极转子距离过远导致信号太弱。

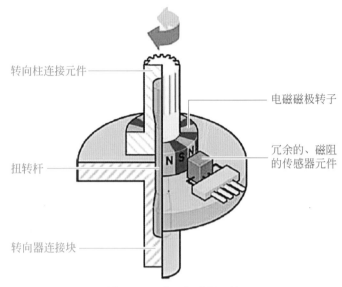

转向柱连接元件

电磁磁极转子

冗余的、磁阻
的传感器元件

扭转杆

转向器连接块

图 8-7-5　磁阻传感器元件

对比正常车辆和故障车辆转向转矩传感器数据，如图8-7-6所示。

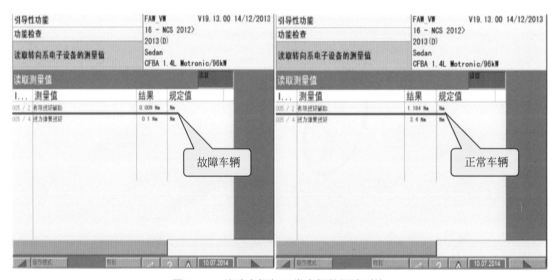

图 8-7-6　故障车辆与正常车辆数据流对比

（5）处理方法

更换电子转向机总成。

（6）案例点评及建议

维修故障时不要一味相信故障提示，有时错误的过度信任会导致判断失误，对此在故障判断时要多方面考虑，综合判断。

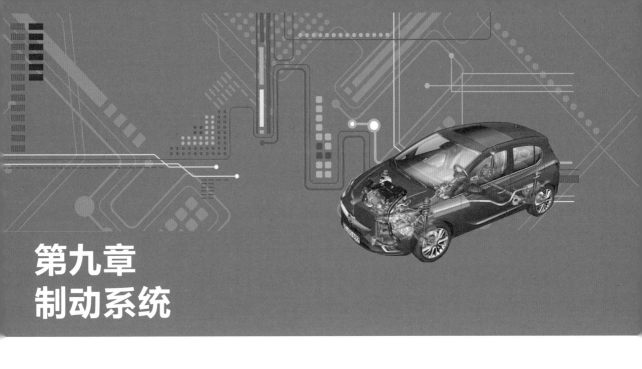

第九章
制动系统

第一节　盘式制动器的认知与检修

1. 概述

制动器按照结构可分为鼓式制动器和盘式制动器；按安装位置可分为车轮制动器和中央制动器。车轮制动器可用于行车制动和驻车制动，而中央制动器只用于驻车制动和缓速制动。

2. 盘式制动器

盘式制动器主要有钳盘式制动器和全盘式制动器两种，其中钳盘式制动器更常用。钳盘式制动器的旋转元件是制动盘，固定元件是制动钳。

钳盘式制动器的旋转元件是制动盘，固定元件是制动钳。钳盘式制动器主要有定钳盘式制动器和浮钳盘式制动器两种。

（1）定钳盘式制动器

定钳盘式制动器的制动钳安装在车桥上，它既不能旋转，也不能沿制动盘轴线方向移动，因而必须在制动盘两侧的钳体中都装设制动块促动装置，以便分别将两侧的制动块压向制动盘（图 9-1-1 和图 9-1-2）。

钳盘式制动器的活塞密封圈除了起密封作用外，还兼起活塞回位作用和调整间隙的作用。正常制动时，密封圈发生弹性变形，解除制动时，密封圈恢复变形，带动活塞一起回位。当制动器间隙过大时，活塞相对密封圈移动；回位时移动部分不可能恢复，移动量即为所调整的间隙量。

定钳盘式制动器存在的缺点如下。

❶ 油缸较多，使制动钳结构复杂。

❷ 油缸分置于制动盘两侧，必须用跨越制动盘的钳内油道或外部油管来连通。这必然使得制动钳的尺寸过大，难以安装在现代化轿车的轮辋内。

❸ 热负荷大时，油缸（特别是外侧油缸）和跨越制动盘的油管或油道中的制动液容易受热气化。

❹ 若要兼用于驻车制动，则必须加装一个机械促动的驻车制动钳。

由于上述缺点，定钳盘式制动器目前使用较少。

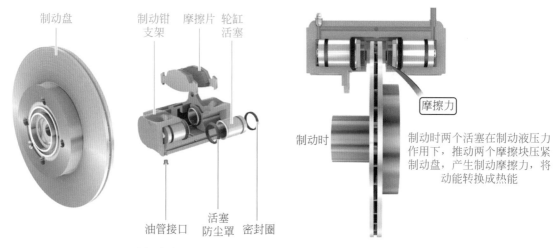

图 9-1-1　定钳盘式制动器

图 9-1-2　定钳盘式制动器的工作原理

制动时两个活塞在制动液压力作用下，推动两个摩擦块压紧制动盘，产生制动摩擦力，将动能转换成热能

（2）浮钳盘式制动器

浮钳盘式制动器（图 9-1-3）的制动钳一般设计得可以相对制动盘轴向滑动或摆动。它只在制动盘的内侧设置液压缸，外侧的制动块附装在钳体上。按制动钳的运动方式不同，浮钳式制动器又可分为滑动钳盘式制动器和摆动钳盘式制动器，其中滑动钳盘式制动器应用更广。

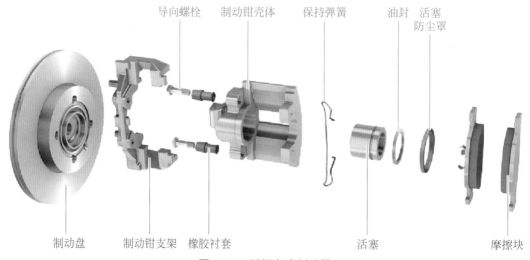

图 9-1-3　浮钳盘式制动器

滑动钳盘式制动器实施制动时，液压力使活塞伸出，推动刹车片，刹车片压向制动盘的内侧表面。制动盘反作用于活塞上的压力使卡钳沿着导轨向内侧移动。卡钳的移动对外侧的

刹车片施加了压力，使得刹车片压向制动盘外侧表面上。于是两侧的刹车片都压向制动盘的表面，逐渐增大的制动摩擦力使车轮停止转动。

滑动钳盘式制动器其工作原理如图 9-1-4 ～图 9-1-6 所示。

3. 全盘式制动器

全盘式制动器摩擦副的固定元件和旋转元件都是圆盘形，分别称为固定盘和旋转盘，其工作原理与摩擦离合器相似。

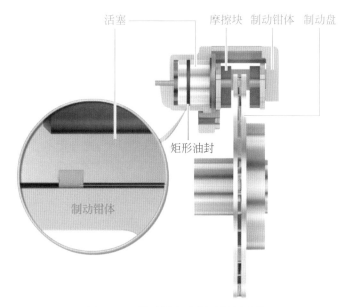

图 9-1-4　滑动钳盘式制动器制动前

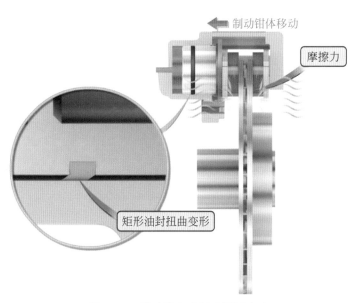

图 9-1-5　滑动钳盘式制动器制动时

扫一扫

视频精讲

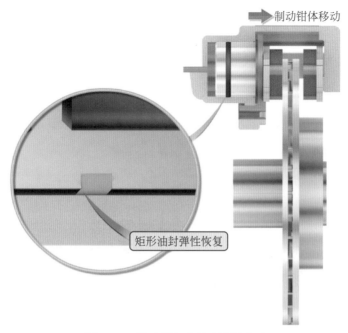

制动钳体移动

矩形油封弹性恢复

图 9-1-6　滑动钳盘式制动器制动后

4. 盘式制动器的优缺点分析

（1）盘式制动器与鼓式制动器相比具有的优点

❶ 盘式制动器无摩擦助势作用，制动力矩受摩擦系数的影响较小，即热稳定性好。

❷ 盘式制动器浸水后效能降低较少，而且只需经一两次制动即可恢复正常，即基本不存在水衰退问题。

❸ 在输出相同制动力矩的情况下，盘式制动器尺寸和重量一般较小。

❹ 制动盘沿厚度方向的热膨胀量极小，不会像制动鼓的热膨胀那样使制动器间隙明显增加而导致制动踏板行程过大。

❺ 较容易实现间隙自动调整，其他维修作业也较简便。

（2）盘式制动器存在的缺点

❶ 效能较低，所需制动促动管路压力较高，一般要用伺服装置。

❷ 兼用于驻车制动时，需要加装的驻车制动传动装置较鼓式制动器复杂。

5. 前制动摩擦片更换流程（以大众迈腾为例）

（1）拆卸制动摩擦片

提示

拆卸前请在要继续使用的制动摩擦片上做好标记。重新安装在相同的部位，否则制动效果不均匀！

❶ 拆下车轮。

❷ 抵住导向销，从制动钳上拧下两个紧固螺栓（图 9-1-7）。

❸ 取下制动钳 1 并用钢丝固定，以免制动钳的重量使制动软管过度承重或损坏（图 9-1-8）。

❹ 将制动摩擦片 2 和 3 从制动器支架 4 上取下。

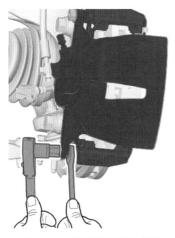

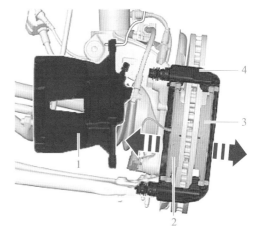

图 9-1-7　拧下两个紧固螺栓　　　　　　　图 9-1-8　取下制动摩擦片

a. 制动装置产生的有毒粉尘会损害健康；

b. 粉尘颗粒进入肺部将永久积聚在肺里，损害呼吸功能；

c. 不要用压缩空气吹净制动装置。

扫一扫

视频精讲

❺ 彻底清洁制动器支架上的制动摩擦片支承面，清除锈蚀。

❻ 用酒精清洁制动钳。

（2）安装制动摩擦片

在用活塞复位装置将活塞压入液压缸之前，必须从制动液储液罐内吸出制动液。否则，如果在此期间制动液储液罐注满时，制动液会溢出并造成部件损坏。

❶ 活塞复位（图 9-1-9）。

❷ 用润滑脂略微润滑制动器支架上的摩擦片导向面。

❸ 将制动摩擦片 1 和止动弹簧 2 装入制动器凹槽 3 内（图 9-1-10）。

提示

装配制动摩擦片后，检查所有止动弹簧 2 的位置是否正确（图 9-1-10 中箭头）。

④ 小心地将制动钳安装到制动器支架上。

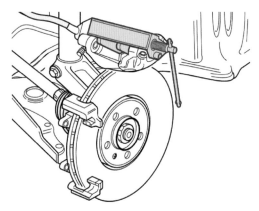

图 9-1-9　活塞复位

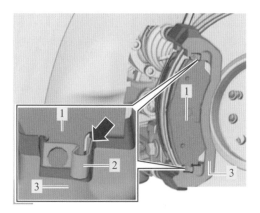

图 9-1-10　安装制动摩擦片

⑤ 抵住导向销，用新的自锁螺栓将制动钳固定在制动器支架上。
⑥ 连接制动摩擦片磨损显示器的连接插头。
⑦ 安装车轮。

• 每次更换制动摩擦片后，都要在停车状态下将制动踏板多次用力踩到底，以使制动摩擦片正确位于其运行状态相应的位置；
• 更换制动摩擦片后检查制动液液位。

6. 后制动摩擦片更换流程（以大众迈腾为例）

（1）拆卸后制动摩擦片

• 不脱开驻车电机的连接插头；
• 未踩下电控机械式驻车制动器。

❶ 拆下车轮。
❷ 用车辆诊断测试器复位电控机械式驻车制动器活塞。

将活塞压回去之前，必须将制动液从制动液储液罐中吸出。否则，如果在此期间制动液储液罐注满时，制动液会溢出并造成部件损坏。

❸ 用车辆诊断测试器复位活塞。

⚒ **注意**

- 带有压力的止动弹簧有造成人身伤害的危险；
- 止动弹簧可能会弹出并导致眼睛和皮肤受伤。

❹ 用手固定住止动弹簧。

❺ 将制动摩擦片止动弹簧 1 用螺丝刀 A 从制动钳（图 9-1-11 中箭头）中撬出，用另一只手握紧止动弹簧。

❻ 取出盖罩（图 9-1-12 中箭头）。

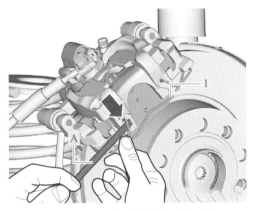

图 9-1-11　拆卸制动摩擦片止动弹簧

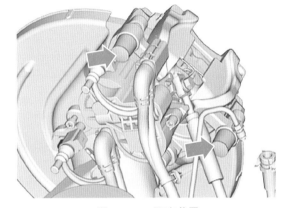

图 9-1-12　取出盖罩

❼ 用工具头 SW 7-T10503（或 F710503T）和带棘齿的插入工具 VAS6784 和 VAS6564/2 将两个导向螺栓从制动钳中拧出（图 9-1-13）。

❽ 取下制动钳 1 并用钢丝 A 固定，以免制动钳的重量使制动软管过度承重或损坏（图 9-1-14）。

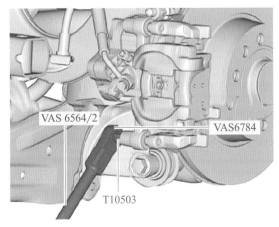

图 9-1-13　拆卸导向螺栓

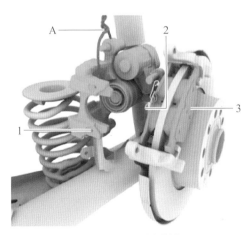

图 9-1-14　取下制动钳

务必用车辆诊断测试器复位活塞！活塞中压力螺母以滑动方式安装，因此活塞仅可按压，不可回拉。只复位带压紧螺母的螺纹杆。

❾ 最终用活塞复位装置 T10145（图 9-1-15 中 1）复位活塞。

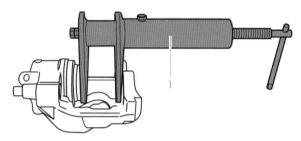

图 9-1-15　活塞复位装置

❿ 拆卸制动摩擦片 2 和 3（图 9-1-14）。

a. 制动装置产生的有毒粉尘会损害健康；

b. 粉尘颗粒进入肺部将永久积聚在肺里，损害呼吸功能；

c. 不要用压缩空气吹净制动装置。

⓫ 彻底清洁制动器支架上的制动摩擦片支承面，清除锈蚀。

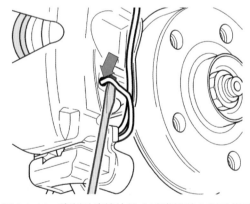

图 9-1-16　将制动摩擦片的止动弹簧装入制动钳孔

⓬ 用酒精清洁制动钳。

（2）安装后制动摩擦片

❶ 将内部和外部制动摩擦片装在制动器支架内。

❷ 固定制动钳。

❸ 安装制动钳螺栓盖罩。

❹ 将制动摩擦片的止动弹簧装入制动钳孔（图 9-1-16 箭头）中。

❺ 用车辆诊断测试器推出活塞后，必须对制动装置进行基本设置。

❻ 用车辆诊断测试器进行制动装置基本设置。

❼ 安装车轮。

更换制动摩擦片后检查制动液液位。

第二节　鼓式制动器的认知与检修

1. 概述

鼓式制动器的旋转元件是制动鼓，固定元件是制动蹄，制动时制动蹄在促动装置作用下向外旋转，外表面的摩擦片压靠到制动鼓的内圆柱面上，对制动鼓产生制动摩擦力矩。

凡对蹄端加力使蹄转动的装置统称为制动蹄促动装置，制动蹄促动装置有轮缸、凸轮和楔。

以液压制动轮缸作为制动蹄促动装置的制动器称为轮缸式制动器；以凸轮作为促动装置的制动器称为凸轮式制动器；用楔作为促动装置的制动器称为楔式制动器。

2. 轮缸式制动器

（1）领从蹄式制动器

领从蹄式制动器（图9-2-1）的特点是两个制动蹄各有一个支点，一个蹄在轮缸促动力作用下张开时的旋转方向与制动鼓的旋转方向一致，称为领蹄；另一个蹄张开时的旋转方向与制动鼓的旋转方向相反，称为从蹄。

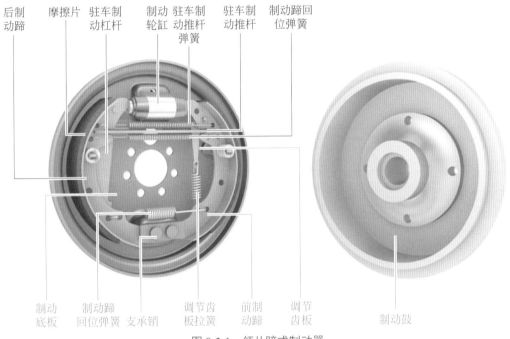

图 9-2-1　领从蹄式制动器

制动时，两蹄在制动轮缸中液压的作用下，各自绕其支撑销偏心轴颈的轴线向外旋转，紧压到制动鼓上。解除制动时，撤除液压，两蹄便在回位弹簧的作用下回位。

领从蹄式制动器工作原理如图9-2-2～图9-2-4所示。

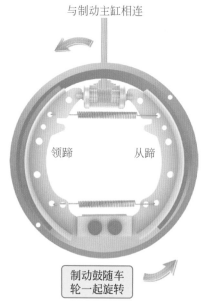

与制动主缸相连

领蹄　　　从蹄

制动鼓随车
轮一起旋转

图 9-2-2　领从蹄式制动器制动前

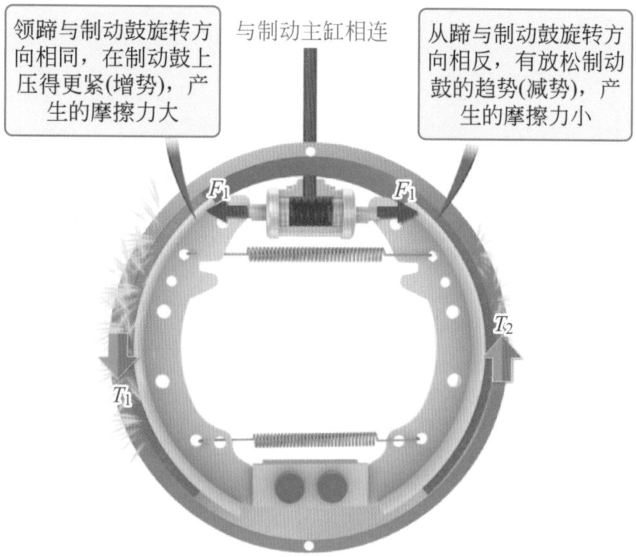

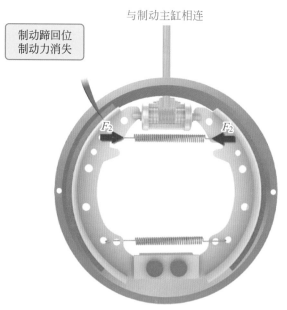

领蹄与制动鼓旋转方
向相同，在制动鼓上
压得更紧(增势)，产
生的摩擦力大

与制动主缸相连

从蹄与制动鼓旋转方
向相反，有放松制动
鼓的趋势(减势)，产
生的摩擦力小

F_1　　　　F_1

T_2

T_1

图 9-2-3　领从蹄式制动器制动时

F_1—制动液压力；T_1—旋转的制动鼓对领蹄施加的力；
T_2—旋转的制动鼓对从蹄施加的力

制动蹄回位
制动力消失

与制动主缸相连

F_2　　　　F_2

图 9-2-4　领从蹄式制动器制动解除

F_2—弹簧回位拉力

　　领蹄在摩擦力的作用下，蹄和鼓之间的正压力较大，制动作用较强。从蹄在摩擦力的作用下，蹄和鼓之间的正压力较小，制动作用较弱。两个制动蹄受到的轮缸促动力相等，称为等促动力制动器。领从蹄式制动器的两个制动蹄作用在制动鼓上的法向反力大小不等，这种制动器称为非平衡式制动器。

（2）双领蹄、双向双领蹄式制动器和双从蹄式制动器

❶ 汽车前进时两个制动蹄均为领蹄的制动器称为双领蹄式制动器（图 9-2-5）。

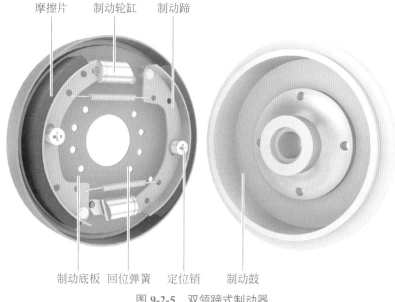

图 9-2-5　双领蹄式制动器

双领蹄式制动器的结构特点是，每个制动蹄都用一个单活塞制动轮缸促动，固定元件的结构布置是中心对称式。

❷ 双向双领蹄式制动器使用了两个双活塞轮缸，无论汽车前进还是倒车，都是双领蹄式制动器，故称双向双领蹄式制动器（图 9-2-6 和图 9-2-7）。

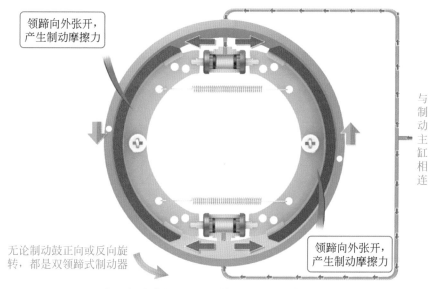

图 9-2-6　双向双领蹄式制动器的工作原理（制动蹄正向旋转制动时）

汽车前进时两个制动蹄均为从蹄的制动器为双从蹄式制动器。

由于双领蹄、双向双领蹄、双从蹄式制动器固定元件的布置都是中心对称的，两个制动

蹄作用在制动鼓上的法向反力大小相等、方向相反、相互平衡，因此这种形式的制动器又称为平衡式制动器。

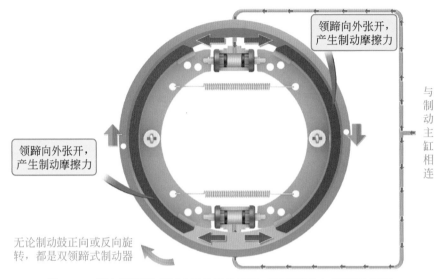

图 9-2-7 双向双领蹄式制动器的工作原理（制动蹄反向旋转制动时）

（3）单向和双向自增力式制动器

自增力式制动器的结构如图 9-2-8 所示。

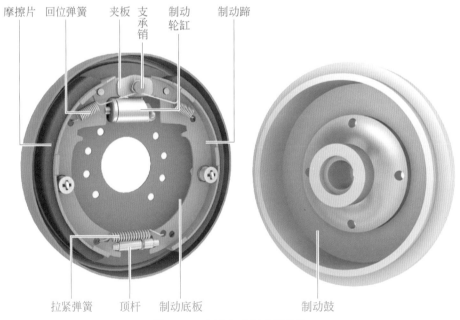

图 9-2-8 自增力式制动器结构

单向自增力式制动器的两个制动蹄只有一个单活塞的制动轮缸，第二制动蹄的促动力来自第一制动蹄对顶杆的推力，两个制动蹄在汽车前进时均为领蹄，但倒车时能产生的制动力很小。

　　单向自增力式制动器的工作原理如图 9-2-9 ～图 9-2-11 所示。

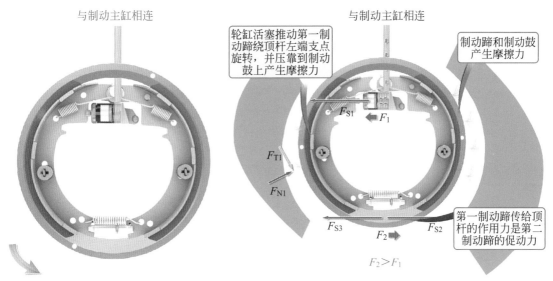

图 9-2-9　单向自增力式制动器制动前

图 9-2-10　单向自增力式制动器制动时

F_{T1}—切向反力；F_{N1}—切向合力；F_{S1}—第一制动蹄促进力；
F_{S3}—第二制动蹄促进力；F_{S2}—第二制动蹄相反方向促进力

　　双向自增力式制动器的特点是两个制动蹄的上方有一个双活塞制动轮缸，轮缸的上方还有一个制动蹄支承销，两制动蹄的下方用顶杆相连。无论汽车前进还是倒车，都与自增力式制动器相当，故称双向自增力式制动器。

　　双向自增力式制动器的工作原理如图 9-2-12 ～图 9-2-14 所示。

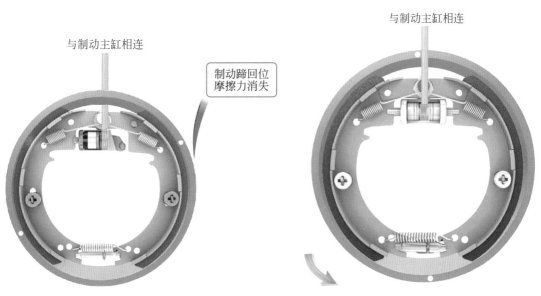

图 9-2-11　单向自增力式制动器制动解除

图 9-2-12　制动前

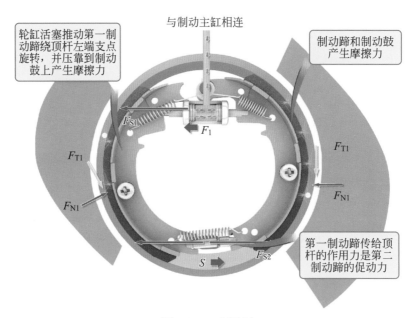

与制动主缸相连

轮缸活塞推动第一制动蹄绕顶杆左端支点旋转，并压靠到制动鼓上产生摩擦力

制动蹄和制动鼓产生摩擦力

第一制动蹄传给顶杆的作用力是第二制动蹄的促动力

图 9-2-13　制动时

F_{T1}—切向反力；F_{N1}—切向合力；F_{S1}—第一制动蹄促进力；S—顶杆的作用力；F_{S2}—第二制动蹄相反方向促进力

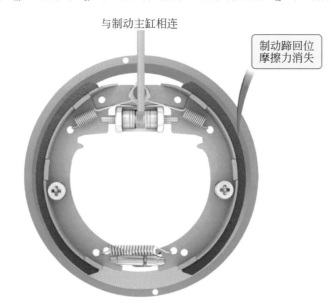

与制动主缸相连

制动蹄回位摩擦力消失

扫一扫

视频精讲

图 9-2-14　制动解除

3. 制动器间隙的调整

制动器间隙是指在不制动时，制动鼓和制动蹄摩擦片之间的间隙。

制动器间隙过小，不能保证完全解除制动；此间隙过大，制动器反应时间过长，直接威胁到行车安全。制动器在使用过程中，随着摩擦片的磨损，制动器间隙会变大，要求制动器必须有检查和调整间隙的可能。

现在很多汽车的制动器都装有制动器间隙自动调整装置，它可以保证制动器间隙始终处于最佳状态，不必经常人工检查和调整。

（1）摩擦限位式间隙自调装置

用以限定不制动时制动蹄内极限位置的限位摩擦环装在轮缸活塞内，限位摩擦环是一个有切口的弹性金属环，压装入轮缸后与缸壁之间的摩擦力可达 400 ～ 550N。

如果制动器间隙过大，活塞向外移动靠在限位环上仍不能正常制动，活塞将在油压作用下克服制动环与缸壁间的摩擦力继续向外移动，摩擦环也被带动外移，解除制动时，制动器复位弹簧不可能带动摩擦环回位，也即活塞的回位受到限制，制动器间隙减小（图 9-2-15 和图 9-2-16）。

图 9-2-15　利用摩擦环间隙自动调装置的工作原理（正常间隙）

图 9-2-16　利用摩擦环间隙自动调装置的工作原理（间隙过大）

摩擦片与制动鼓间隙过大，制动时，活塞向外移动靠在摩擦环上仍不能正常制动，活塞将在油压作用下带动摩擦环外移
解除制动时，回位弹簧不能使摩擦环回位，活塞回位受限，摩擦片与制动鼓间隙减小

摩擦限位式间隙自调装置也可以装在制动蹄上，其工作原理与装在轮缸内的摩擦限位环相似。

（2）楔块式间隙自调装置

桑塔纳轿车的制动器间隙主要依靠楔形调节块调整。

4. 凸轮式制动器

凸轮式制动器是用凸轮取代制动轮缸对两制动蹄起促动作用，通常利用气压使凸轮转动（图 9-2-17）。

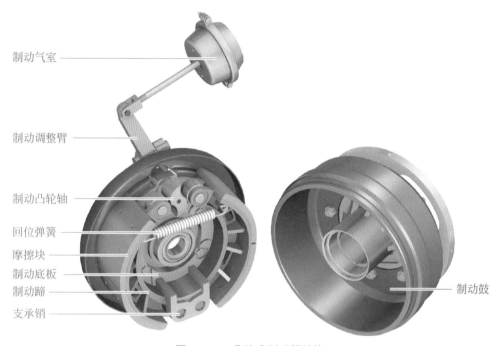

制动气室
制动调整臂
制动凸轮轴
回位弹簧
摩擦块
制动底板
制动蹄
支承销
制动鼓

图 9-2-17 凸轮式制动器结构

凸轮制动器制动调整臂的内部为蜗轮蜗杆传动，蜗轮通过花键与凸轮轴相连。正常制动时，制动调整臂体带动蜗杆绕蜗轮轴线转动，蜗杆又带动蜗轮转动，从而使凸轮旋转，张开制动蹄起制动作用。

制动调整臂除了具有传力作用外，还可以调整制动器的间隙。当需要调整制动器间隙时，制动调整臂体（也是蜗轮蜗杆传动的壳体）固定不动，转动蜗杆，蜗杆带动蜗轮旋转，从而改变了凸轮的原始角位置，达到调整目的。

5. 楔式制动器

楔式制动器的制动蹄依靠在柱塞上，柱塞内端面是斜面，与支于隔离架两边槽内的滚轮接触（图 9-2-18）。

制动时，轮缸活塞在液压作用下使制动楔向内移动，制动楔又使两个滚轮一边沿柱塞斜面向内滚动，一边使两个柱塞在制动底板的孔中向外移动一定距离，从而使制动蹄压靠到制动鼓上。轮缸液压一旦撤除，这一系列零件即在制动蹄复位弹簧的作用下各自复位。

楔式制动器的工作原理如图 9-2-19 和图 9-2-20 所示。

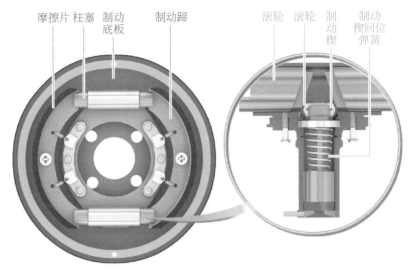

图 9-2-18 楔式制动器的组成

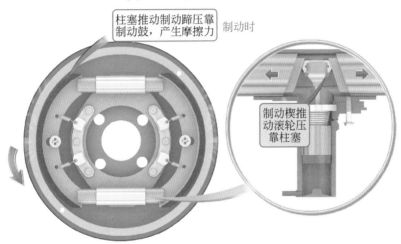

图 9-2-19 楔式制动器制动时

制动时，油压推动制动楔向左移动，制动楔推动滚轮压靠柱塞斜面向内滚动
解除制动时，油液回位，在制动楔回位弹簧作用下，制动楔回位，滚轮和柱塞回位

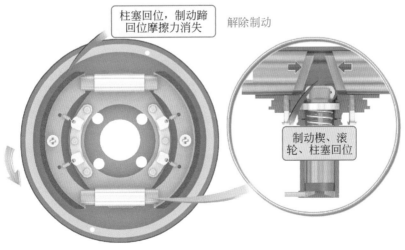

图 9-2-20 楔式制动器解除制动

第三节　制动总泵和助力器的认知与检修

1. 液压制动系统

液压制动系统的传力介质是制动液。

❶ 按增压力源不同，液压制动系统可分为真空增压制动系统、液压制动真空加力器和压缩空气增压制动系统。

❷ 按制动管路的布置，液压制动系统可分为单管路制动系统和双管路制动系统。其中双管路制动系统中管路布置形式有前后布置和对角线布置两种（图 9-3-1 ～图 9-3-3）。

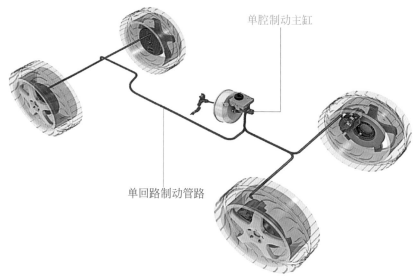

图 9-3-1　单管路制动系统

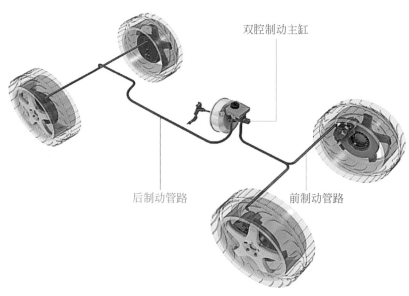

图 9-3-2　前后布置双管路制动系统

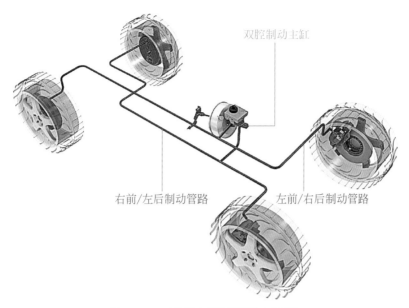

图 9-3-3　对角线布置双管路制动系统

对于双管路制动系统，当其中部分车轮失去制动时，仍有另一半车轮能维持制动，虽然制动效能会有所下降，但汽车不会完全失去制动能力。

2. 液压制动总泵

制动总泵（主缸）的作用是将驾驶员踩制动踏板的机械力转变成液体压力，并将具有一定压力的制动液经管路送到各车轮的制动分泵（图 9-3-4）。

汽车液压制动总泵有单腔式和双腔式。现代轿车上广泛采用双腔串联推杆联动式。

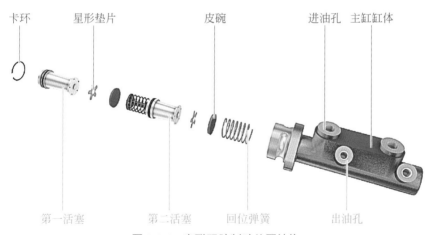

图 9-3-4　串联双腔制动总泵结构

双腔串联推杆联动式总泵由储液缸和工作缸组成。储液缸用隔板分为前、后两腔，顶部有带通气孔的盖子。工作缸分为前腔和后腔。工作缸内有前活塞和后活塞，前、后活塞之前有联动推杆，活塞上装有密封圈和回位弹簧。缸体上有与前、后分泵连通的出油孔和两套与储液缸相通的回油孔和补偿孔。后腔活塞所占容积大于前腔活塞所占容积，会造成后桥制动力不足，为补偿后腔活塞多占的容积，一般将缸筒制成后大前小的阶梯形。

制动时，通过活塞推杆推动后活塞，再经推杆带动前活塞，压缩回位弹簧使前、后活塞一起前移，使前、后腔容积缩小，在活塞封闭回油孔后，油压升高，制动液在总分泵之间压力差作用后，从前、后腔的出油孔流向前、后桥分泵实现制动。

放松制动时，活塞推杆后退，活塞在回位弹簧作用下后退，前、后腔容积增大，分泵制动液压力高于总泵制动液压力，部分制动液分别流回总泵前、后腔，制动器的制动作用被解除。

在完全放松制动踏板后，回油孔打开，多余的部分制动液可从回油孔流回储液缸，以避免制动拖滞的产生。

3. 液压制动分泵

液压制动分泵（轮缸）有双活塞式和单活塞式，其作用是将总泵提供的液体压力转变为使制动蹄张开的机械推力。

液压制动分泵的结构如图 9-3-5 所示。

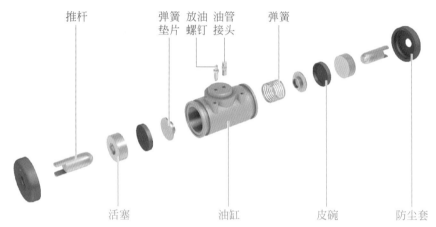

图 9-3-5　液压制动分泵结构

双活塞式分泵由缸体、两个活塞、皮碗、弹簧、放气阀及放气螺钉和防护罩等组成。活塞内腔有顶块，与制动蹄的端部相嵌合。皮碗的作用是防止漏油。弹簧的作用是使皮碗与活塞贴紧。放气螺钉用于排放制动系统内的空气。一旦制动系统内有空气，必须立即排除。

单活塞式分泵与双活塞式分泵比较，少了一个活塞和压紧弹簧，密封皮圈的结构与安装位置不同，其余结构相似（图 9-3-6 和图 9-3-7）。

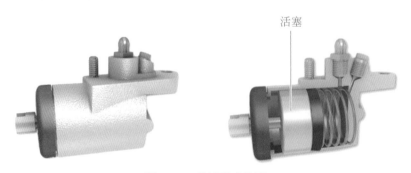

图 9-3-6　单活塞式分泵

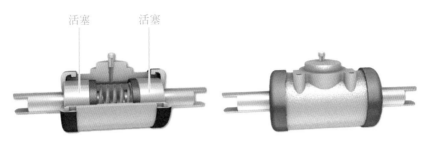

图 9-3-7　双活塞式分泵

制动时，总泵输出的压力制动液进入分泵后，对活塞作用一个推力，使活塞向外移动，将制动蹄推压在制动鼓上，从而产生制动作用。放松制动后，轮缸中制动液倒流回总泵，轮缸油压下降，制动蹄拉簧克服分泵内油压，将蹄片拉离制动鼓，使制动解除。

4. 液压制动真空加力器

真空加力器（图 9-3-8）又叫助力器，它是利用真空加力气室产生的力源，协助踏板力共同推动总泵活塞，减轻驾驶员踩踏板的用力的装置。这种装置与总泵安装在一起，使制动系统结构较简单、紧凑，广泛用于小型汽车上。

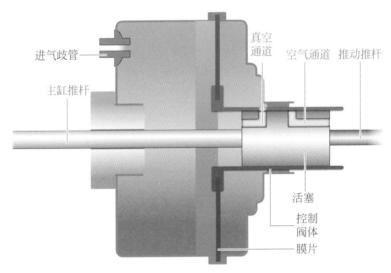

图 9-3-8　真空加力器

真空加力器与制动总泵相连，控制阀推杆右端与制动踏板连接。工作室由前、后壳体组成，中间夹装膜片和膜片座。它的前室与带单向阀的真空管和进气管相连，后室的膜片座内有连通气室前室和控制阀腔的通道及连通气室后室和控制阀腔的通道。橡胶阀与膜片座上特制的阀座组成真空阀，又与控制阀活塞和大气阀座组成大气阀。控制阀活塞与推杆球头铰接。

不制动时，弹簧将推杆连同活塞向后推到极限位置，阀门被弹簧压在大气阀座上，即大气阀关闭。气室的前、后室经通道、控制阀通道相互连通，并与空气隔绝。

制动时，踩下制动踏板，膜片座固定不动，来自踏板的力推动推杆和活塞相对于膜片座前移，当活塞与反作用盘之间的间隙消除后，踏板力便经反作用盘传给制动总泵推杆。总泵的制动液流入分泵，同时阀门在弹簧作用下，随同控制阀柱塞前移，直到与膜片座上的真空阀座接触，使前、后气室隔绝。推杆推动活塞前移到后端通大气。在前、后气室压力差的作用下，加力气室膜片和膜片座前移，总泵推杆进一步推动活塞将制动液送入分泵。较小的踏板力，可获得较大的制动力。

制动踏板停在某一位置，控制阀柱塞和推杆停在某个位置上；橡胶阀门随膜片座前移，落到控制阀活塞端面上，与大气阀座贴接，真空阀和空气阀同时关闭，处于平衡状态，此时分泵中压力保持不变。

松开踏板，在弹簧作用下，控制阀活塞和推杆、橡胶阀门一起后移到右边极限位置。在回位中，大气阀门关闭，真空阀开启，使气室左、右压力相等。加力气室膜片及座和制动总泵也恢复到原来位置。

5. 主缸拆装的流程（以大众迈腾为例）

（1）拆卸主缸

❶ 对于已编码收音机的车辆要注意编码，必要时可询问。

❷ 断开蓄电池。

❸ 拆卸蓄电池。

❹ 拆卸蓄电池支架。

❺ 将足够多的非纤维抹布放在发动机和变速箱区域内。

❻ 用制动液加注和排气装置VAS5234从制动液储液罐中抽出尽量多的制动液（图9-3-9）。

❼ 脱开线束固定卡（图9-3-10中箭头）。

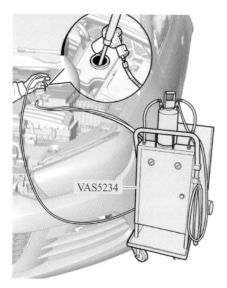

图 9-3-9　抽出制动液

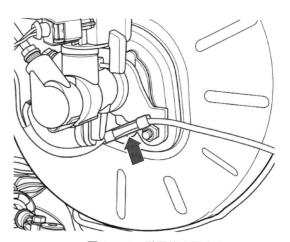

图 9-3-10　脱开线束固定卡

❽ 将电气连接插头3从制动液液位警告信号触点F34上拔下（图9-3-11）。

❾ 将电气连接插头2从真空传感器G608上拔下。

❿ 将电气连接插头1从制动信号灯开关F上拔下。

⓫ 拧出星形螺栓1，然后将制动液储液罐2从密封塞上拔下（图9-3-12）。

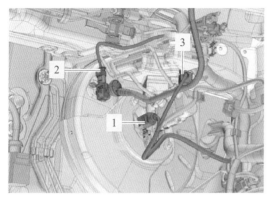

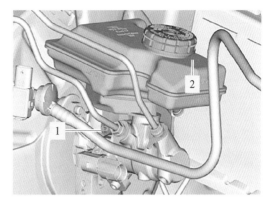

图 9-3-11　拔下电气连接插头　　　　　　　图 9-3-12　拧出星形螺栓

⑫ 拧下制动主缸上的制动管路，用维修套件中的密封塞密封制动管路。

⑬ 拧下制动主缸的螺母。

⑭ 如果有的话拆下隔热板。

⑮ 小心地从制动助力器中取出制动主缸。

⑯ 从制动主缸上拧下制动信号灯开关 F。

（2）安装主缸

安装以倒序进行，安装时特别注意下列事项。

❶ 组装制动主缸及制动助力器时，注意推杆在制动主缸中的正确位置。

❷ 密封件必须位于离合器主缸补液软管内。

❸ 对制动系统进行排气。

6. 制动助力器拆装流程（以大众迈腾为例）

（1）拆卸制动助力器

扫一扫

视频精讲

❶ 对于已编码收音机的车辆要注意编码，必要时可询问。

❷ 断开蓄电池接线。

❸ 拆卸蓄电池。

❹ 拆卸蓄电池支架。

❺ 用制动液加注和排气装置 VAS5234 从制动液储液罐中抽出尽量多的制动液。

❻ 拆卸制动主缸。

❼ 将线束 1 和 2 从增压空气导管上脱开，并置于一侧（图 9-3-13）。

❽ 拆下螺栓（图 9-3-13 中箭头），松开卡箍 3。

❾ 拆下增压空气导管。

❿ 将带止回阀的真空软管 2 从制动助力器 1 中拉出（图 9-3-14）。

⓫ 拧下制动主缸和液压单元上的制动管路，用密封塞密封钻孔。

⓬ 将排气阀防尘罩插到制动管上。

⓭ 将通往制动主缸的两个制动管路向车辆右侧推到一边。

a. 配备双离合器变速箱 0DE 的车辆：

- 从操纵杆球头上脱开选挡杆拉索（图 9-3-15 中箭头）。
- 拆卸螺栓 1，将选挡杆拉索及固定件 2 置于合适的位置。

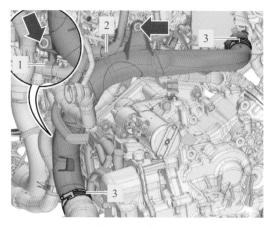

图 9-3-13　拆卸线束

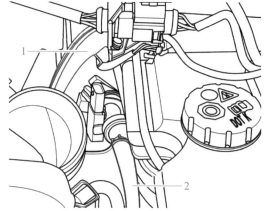

图 9-3-14　拆卸止回阀真空软管

b. 配备双离合器变速箱 0CW 的车辆：

- 从操纵杆球头上脱开选挡杆拉索（图 9-3-16）。
- 拆卸螺栓（图 9-3-16 中箭头），将选挡杆拉索及固定架 1 置于合适的位置。

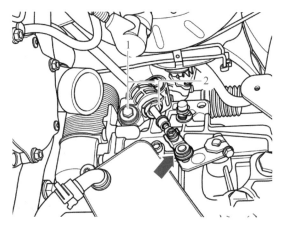

图 9-3-15　从操纵杆球头上脱开选挡杆拉索（1）

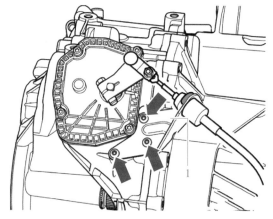

图 9-3-16　从操纵杆球头上脱开选挡杆拉索（2）

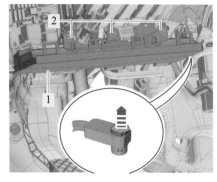

图 9-3-17　拆卸膝部安全气囊

1—安全气囊；2—螺母

⑭ 拆卸驾驶员侧仪表板盖板。

⑮ 拆卸膝部安全气囊 1（图 9-3-17）。

⑯ 拆卸驾驶员侧脚部空间出风口（图 9-3-18）。

⑰ 从制动助力器上拆下制动踏板。

⑱ 拧下制动助力器螺母 3 和 4（图 9-3-19）。

⑲ 克服密封件的黏合力，将制动助力器从前围板上拔下。

⑳ 将制动助力器小心地从汽车中取出。

㉑ 拧下制动主缸螺母。

㉒ 拆下可能存在的隔热板。

㉓ 将制动主缸小心地从制动助力器中取出。

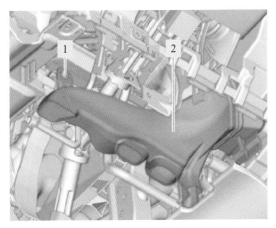

图 9-3-18　拆卸驾驶员侧脚部空间出风口

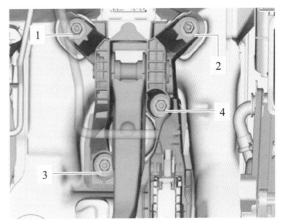

图 9-3-19　拧下制动助力器螺母

1～4—螺母

（2）安装真空助力器

❶ 清除制动助力器和前围上的粘接剂残余。
❷ 为此用热风机以较小的热输送加热粘接剂残余物，然后撕下。
❸ 彻底清洁表面。

安装以倒序进行。

安装时注意下列事项：
• 将制动踏板与制动助力器连接在一起；
• 安装以后必须对制动装置和离合器进行排气。

扫一扫

视频精讲

7. 检查止回阀

将止回阀 1 和真空管路小心地从制动助力器中拔出（图 9-3-20）。

将空气首先沿止回阀 1 的一个方向吹，然后沿另一个方向吹。
• 止回阀沿图 9-3-20 中箭头方向必须透气。
• 止回阀沿图 9-3-20 中箭头方向的相反方向必须保持密封。如果不是这种情况，则更换止回阀或整个真空管路。

在安装带有止回阀的真空管路时，注意在制动助力器上的正确安装位置。

8. 检查真空系统密封性

• 大气层在海平面上的中等气压为 1012mbar，并随高度增加而急剧增大（每升高

1000m 约增加 100mbar）。位置和时间上的波动同样对真空生产有影响。

· 处于低温下的发动机、开启的空调设备以及发动机怠速运转都对真空生成有负面影响。

事先检查所有真空软管是否有损伤（例如裂缝或被咬坏）并且固定位置是否正确。

❶ 连接制动助力器真空设备 VAS6721（图 9-3-21）。

❷ 打开截止阀 A。

❸ 关闭截止阀 B+C。

❹ 启动已达到工作温度的发动机（> 60℃），短暂踩一下油门踏板（发动机转速超过 2000r/min）。

❺ 一般情况下，产生的真空应为 600 ～ 950mbar（视发动机而定）。

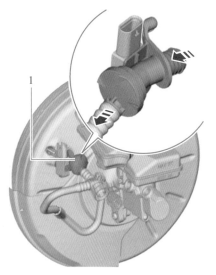

图 9-3-20　检查止回阀

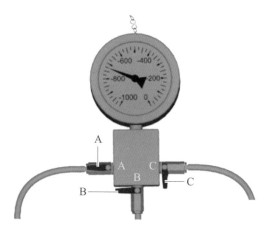

图 9-3-21　真空设备 VAS6721

❻ 打开截止阀 C，以便将制动助力器抽真空。

❼ 关闭发动机。

❽ 读取并记录已显示的测量值。

❾ 真空允许在 12h 内下降 400mbar。

❿ 如果真空下降得更多，应检查在以下区域是否有泄漏处：

a. 制动助力器；

b. 止回阀，查找带连接插头的真空软管和真空泵 / 进气管。

当泄漏较严重时，真空在几秒钟内急剧下降。

在制动助力器区域进行真空检测：在产生真空后关闭截止阀 A，以便检测制动助力器的真空系统。

在截止阀、带连接插头的真空软管和真空泵 / 进气管区域进行真空检测：

· 生成真空后关闭截止阀 C，检查制动助力器真空设备。

· 连接 VAS6721 至进气管或至真空泵的真空系统。

· 为便于拆卸软管和连接适配器，打开截止阀 B。

第四节 机电式驻车制动器的认知

（1）概述

机电式驻车制动器（EPB）如图9-4-1所示。

（2）锁止电机V282/V283

发动机和变速器是单独装在两个减振元件上的，因此它们与壳体是分开的（图9-4-2）。发动机和变速器是通过一个定位板准确定位在减振元件上的。

用于驱动变速器的齿形带上的齿是斜齿，这样可以在发动机和变速器运转过程中有效降低噪声。

电线连接就是直接插在锁止电机上的，这就相应地简化了装配过程。

图 9-4-1 机电式驻车制动器（EPB）

不再记录电机的转速和转子的位置，当制动器关闭时，控制单元主要根据电机所消耗的电流大小来决定电机的断开点。

在电机已启动时，制动衬块和制动盘之间的正确间隙通过估评电流和电压的变化过程来确定。控制单元内存储有用于调节的所有复杂算法。

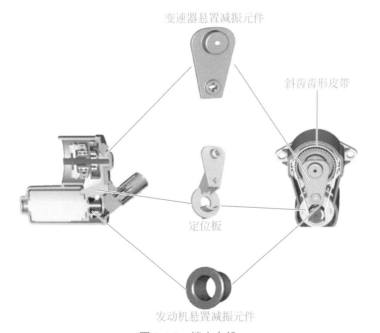

图 9-4-2 锁止电机

扫一扫

视频精讲

如果长时间没有使用过 EPB，那么由于脚制动器经常工作造成制动衬块磨损，所以间隙就变大了。

因此对于 EPB 控制单元，车辆大约每行驶 1000km 自动校正一次间隙。自动间隙校正的前提条件是：关闭点火开关、转向锁止、未使用驻车制动器及变速杆在挡（指自动变速器车辆）。

（3）EPB故障显示屏

EPB故障在仪表板上的显示以及声音信号（锣声）由CAN总线来启动。由于省去了单独的启动，所以组合仪表内带显示屏的控制单元J285的末级前置放大器也就省去不用了。

（4）起步辅助

起步辅功现在在手动变速器的车上也可使用。制动器的开启时刻取决于车辆的倾斜度、油门踏板的位置、离合器踏板的位置和离合器接合的速度。

离合器接合的速度由EPB控制单元通过评估离合器踏板位置在时间上的变化来判定。为此新开发了一种非接触式的踏板传感器来记录离合器踏板的位置。

EPB控制单元还要考虑停在坡上的车起步时是向前行驶还是向后行驶。

EPB控制单元通过评估一个来自中央舒适系统控制单元J393的信号来判定倒车灯是否接通。

当识别出沿坡路的向前或向后运动倾向时，制动器就会松开以便起步（即使发动机的转矩很小）。

一般来说，只有在系上安全带后才能实现上述这些功能。在售后服务过程中，无法关闭起步辅助功能。

第五节　制动系统电子驻车无法释放故障案例分析

❶ 车型：迈腾。

02432　　　　　　　　　　011
左侧停车制动器马达供电电压
断路
静态

02434　　　　　　　　　　009
控制单元左侧通道电源电压
断路/对地短路
偶发

03263　　　　　　　　　　008
功能故障
不可信信号
静态

图9-5-1　故障码

❷ 行驶里程：76567km。

❸ 故障现象：客户反应电子驻车灯报警，同时电子驻车无法释放，需要反复多次操作开关才能释放制动，最近几天此故障比较频繁发生，客户连"AUTO HOLD"功能也不敢用。

❹ 故障诊断过程。

a.试车，操作开关几次后故障现象出现，右后轮可以正常释放，左后轮电子驻车无法释放。

b.连接VAS6150A，检查车辆电子驻车系统内有故障码（图9-5-1）。

c.结合电路图，可以基本分析出EPB开关将信号直接传递给J540，由J540直接控制两个后轮的驻车电机；J540有三个供电，分别是SC24/SC33/SC2；J540的数据通信通过两根数据线直接与ABS控制器进行信息交换（图9-5-2）。

d.右后轮的电子驻车制动可以释放，因此可以判断EPB开关没有问题，根据以前类似故障的维修经验，结合电路图分析，故障原因大概有：

- 电子驻车控制单元损坏；
- SC33电源线路故障；
- J540到左后制动马达V282的控制线路故障；
- 左后制动马达V282故障。

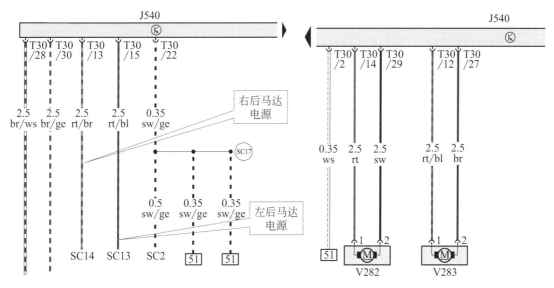

图 9-5-2　电路图

e. 按照从简单到难的原则开始，首先检查保险 SC33 电压、插脚，正常；检查左后制动分泵外观，正常；插头安装也牢固；检查针脚时发现两个针脚有区别，其中一个针脚往后缩进去了一点，而且插脚的开口也稍微大了一点，进一步拆检此针脚发现针脚与保持架分离，没有起到加固插脚接合力度的作用（图 9-5-3 和图 9-5-4）。

❺ 故障原因分析。左后驻车制动马达插脚损坏造成接触不实，导致左后驻车制动释放不了。

❻ 故障处理方法：修复此针脚。

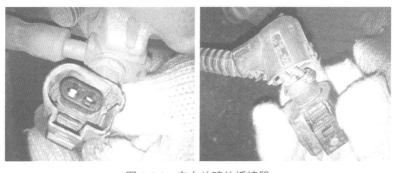

图 9-5-3　存在故障的插接器

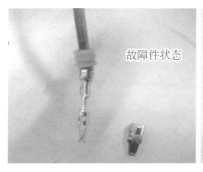

图 9-5-4　修复故障线束

参考文献

[1] 周晓飞.汽车构造与原理百日通.北京：化学工业出版社，2017.

[2] 孙兵凡.汽车定期维护（含汽车定期维护实训指导书）.北京：化学工业出版社，2018.

[3] 李林.汽车维修技能1008问.北京：机械工业出版社，2013.

[4] 姚科业.汽车传感器识别•检测•拆装•维修（双色图解精华版）.北京：化学工业出版社，2017.

[5] 顾惠烽.汽车发动机构造原理与诊断维修.北京：化学工业出版社，2019.

本书配套视频清单

序号	配套视频名称	二维码页码
1	离合器的作用	21
2	离合器的结构和工作原理	22
3	离合器的主缸和工作缸	25
4	摩擦式离合器的分类	27
5	变速器操纵机构概述	31
6	手动变速器常见故障检修	35
7	手动变速器概述	44
8	更换变速器油	124
9	万向传动装置概述	125
10	传动轴、万向节及橡胶护套的检查或更换	139
11	主减速器、差速器工作原理	141
12	轮胎的检查与更换	151
13	独立悬架概述	157
14	盘式制动器的检查	199
15	前制动器的检查和更换	201
16	ABS油压调节器总成的更换	206
17	鼓式制动器的检查	210
18	制动主缸检查与更换	219
19	制动踏板行程的检查	221
20	驻车制动器的调整	223